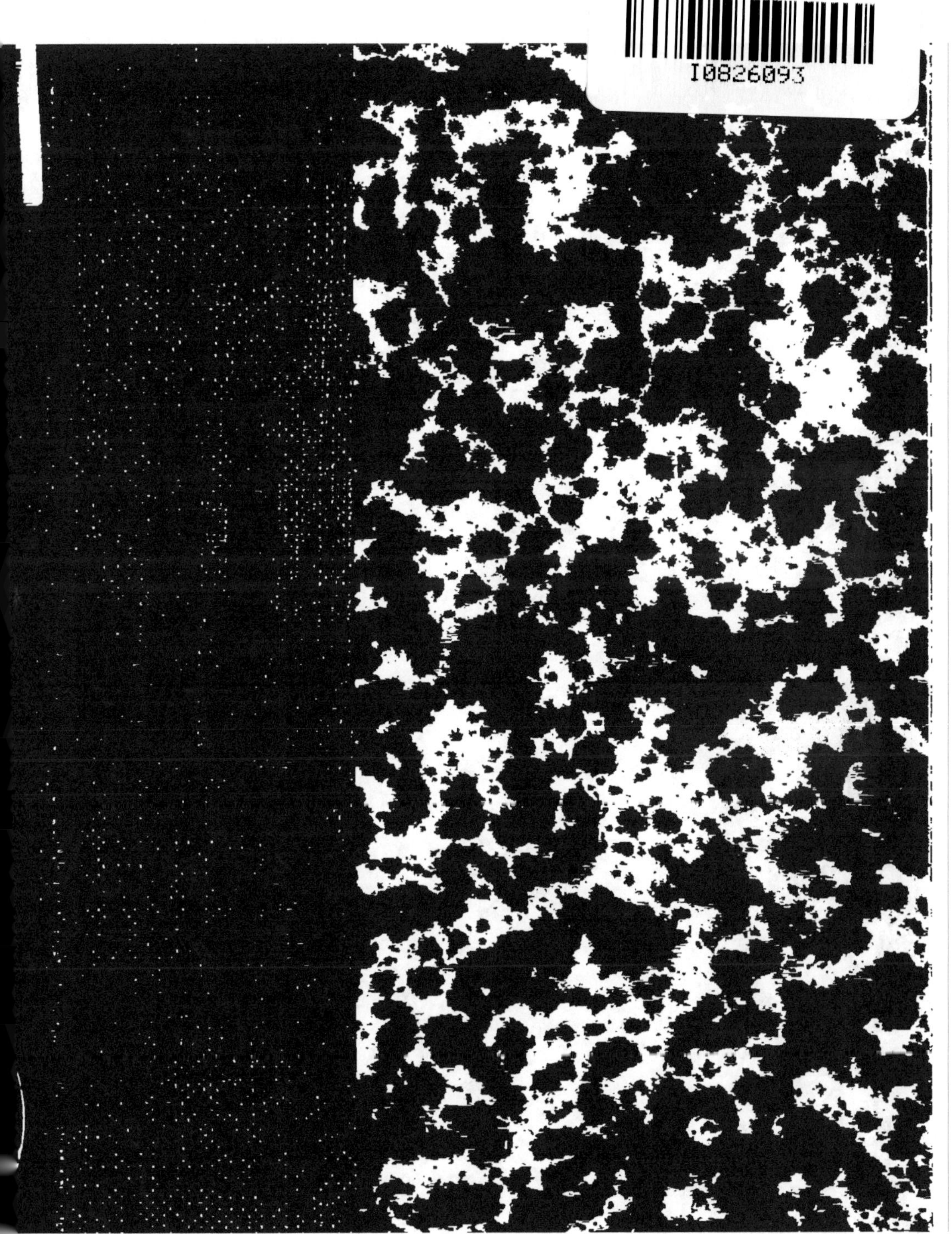

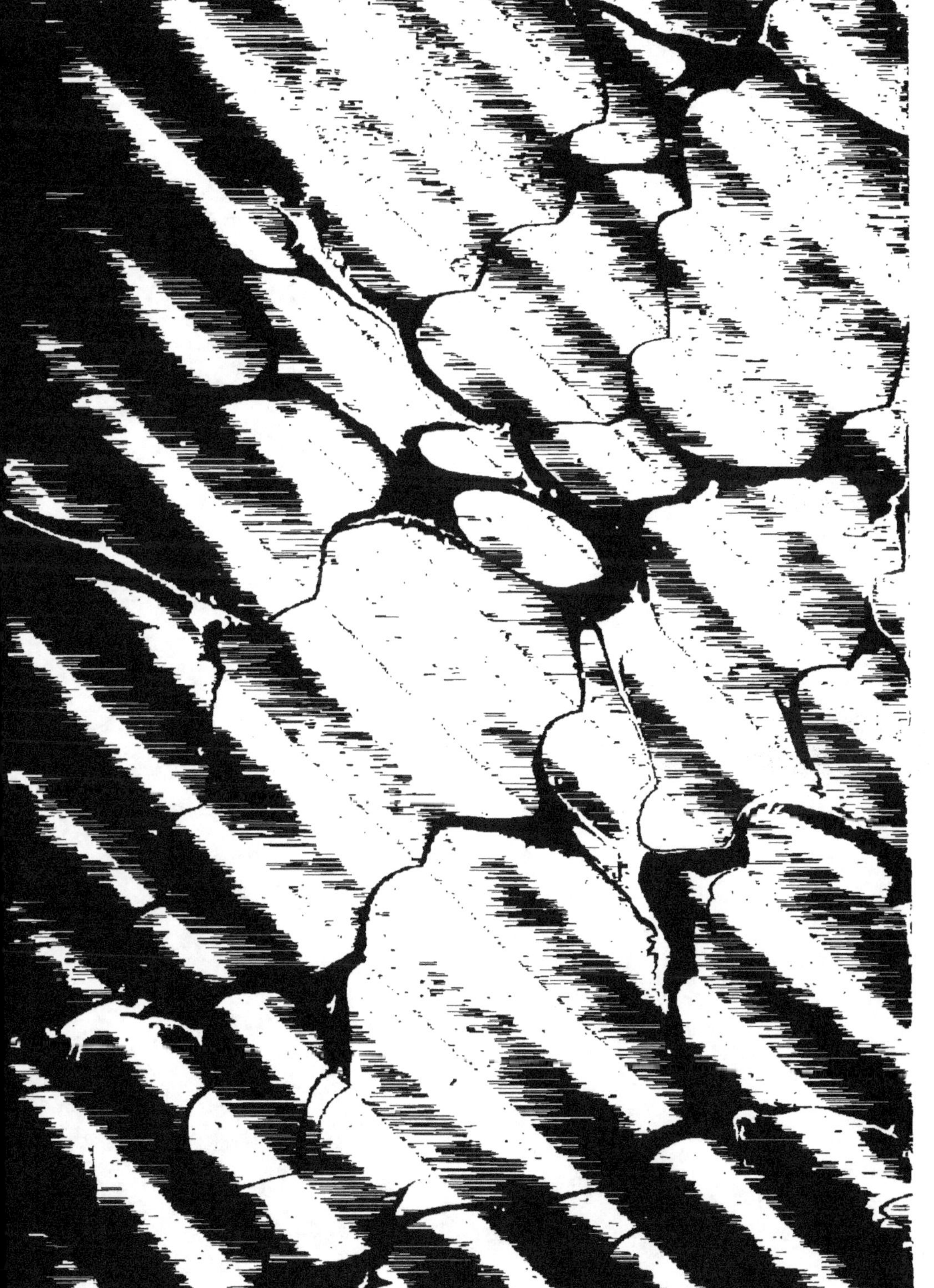

BIBLIOTHÈQUE INTERNATIONALE.

LES
PETITS BOURGEOIS

SCÈNES

DE LA VIE PARISIENNE

ROMAN POSTHUME DE

H. DE BALZAC.

3

BRUXELLES & LEIPZIG,
KIESSLING, SCHNÉE ET Cie, ÉDITEURS,
RUE VILLA-HERMOSA, 1.

1855

BALE, HENRI GEORG.

LES

PETITS BOURGEOIS

SCÈNES

DE LA VIE PARISIENNE

BRUXELLES
IMPRIMERIE DE A. LABROUE ET COMPAGNIE,
36, rue de la Fourche.

LES

PETITS BOURGEOIS

SCÈNES

DE LA VIE PARISIENNE

Roman posthume de

H. DE BALZAC.

3

Édition autorisée pour la Belgique et l'étranger, interdite pour la France.

BRUXELLES ET LEIPZIG,
KIESSLING, SCHNÉE ET Cie, ÉDITEURS,
RUE VILLA-HERMOSA, 1.

1855

LES

PETITS BOURGEOIS.

SCÈNES

DE LA VIE PARISIENNE.

XXV

OÙ LA BREBIS MANGE LE LOUP.

Tout aussi bien que le *Tourniquet-Saint-Jean*, le *Rocher de Cancale*, où va maintenant se transporter la scène, n'est plus aujourd'hui qu'un souvenir. Un marchand de vin à comptoir d'étain remplace ce *temple du goût*, ce sanctuaire européen qui avait vu passer toute la gastronomie de l'Empire et de la Restauration.

La veille du jour déjà convenu entre eux, la Peyrade avait reçu de Cérizet ce simple mot : « A demain, bail ou non, au *Rocher*, six « heures et demie. »

Quant à Dutocq, Cérizet avait l'occasion de le voir tous les jours, puisqu'il était son expéditionnaire : il avait donc été prévenu de vive voix ; mais le lecteur attentif remarquera une différence dans l'heure donnée à ce second convive. « A six heures *un quart*, au *Rocher*, » lui avait dit Cérizet ; il restait évident qu'il voulait avoir au moins un quart d'heure devant lui avant l'arrivée de la Peyrade.

Ce quart d'heure, l'usurier comptait l'employer à maquignonner l'achat des titres de Dutocq, et il avait pensé que, faite à brûle-pourpoint et sans aucune préparation, la proposition aurait la chance d'être plus rondement accueillie. En ne laissant pas au vendeur le temps de se reconnaître, peut-être on l'amènerait à lâcher la main, et la créance une fois achetée au-dessous du pair, l'homme de la rue des Poules aurait à examiner s'il y avait sûreté pour lui à s'appliquer la différence, ou s'il vaudrait mieux se faire honneur auprès de du Portail du rabais qu'il lui aurait obtenu.

Disons d'ailleurs, qu'à part tout intérêt, Cérizet eût encore essayé de grappiller sur *son ami;* c'était chez lui instinct et besoin de nature ; dans les affaires, il avait pour la ligne droite la même horreur que les amateurs de jardins anglais dans le tracé de leurs allées.

Ayant toujours une portion du prix de sa charge à payer et forcé à une grande épargne, Dutocq ne se faisait pas assez bien vivre pour qu'un dîner au Rocher de Cancale ne fût pas dans l'économie de son existence une sorte d'événement. Il se montra donc de cette exactitude qui témoigne de l'intérêt qu'on met à une rencontre, et à six heures un quart précises il faisait son entrée dans le cabinet du restaurant où déjà Cérizet l'attendait.

— C'est drôle, dit-il, nous voilà juste revenus à la situation qui inaugura nos relations d'affaires avec la Peyrade; seulement le lieu de l'entrevue des trois empereurs est cette fois un peu plus confortablement choisi, et j'aime assez le Tilsit de la rue Montorgueil, substitué au Tilsit de la rue de l'Ancienne-Comédie, le triste restaurant Pinson.

— Ma foi ! répondit Cérizet, je ne sais pas trop si les résultats obtenus justifient cette substitution, car enfin où sont pour nous les bénéfices de la constitution de notre triumvirat?

— Mais, en définitive, dit Dutocq, c'était un marché à terme. On ne peut pas dire que la Peyrade ait perdu beaucoup de temps pour ménager, si j'osais me permettre le calembour, son installation aux *Tuileries*. Le gaillard, il faut le reconnaître, a joliment marché.

— Pas si vite, dit Cérizet, que son mariage ne soit, à l'heure qu'il est, horriblement compromis.

— Comment ! compromis ?

— Oui, je suis chargé de lui proposer une femme en sous-œuvre, et je doute fort que le choix lui soit laissé.

— De quoi diable, mon cher, allez-vous vous aviser de prêter les mains à un contre-mariage, quand nous avons hypothèque sur le premier?

— Mon ami, on n'est pas toujours maître des circonstances; j'ai vu que par la combinaison qui se présentait, celle que nous avions arrangée s'en allait à vau-l'eau; alors j'ai tâché de tirer pied ou aile de la négociation.

— Ah çà ! on se l'arrache donc, ce Théodose? Qu'est-ce que ce parti? y a-t-il de la fortune?

— La dot est très-passable et vaudra bien celle de mademoiselle Colleville.

— Alors je m'en moque; la Peyrade a souscrit des lettres de change, il payera.

— Il payera, il payera; c'est là la question. Vous n'êtes pas commerçant, Théodose ne l'est pas non plus; il peut lui venir dans l'idée de discuter les lettres de change. Qui vous dit, qu'édifié sur leur origine et le mariage Thuillier ne se faisant point, le tribunal ne les annulera pas comme étant des obligations sans cause? Moi, cette discussion, je m'en moque: je ne tiens à rien, et d'ailleurs mes précautions sont prises; mais vous, greffier d'une justice de paix, n'entrevoyez-vous pas à la suite de ce procès un peu de maille à partir avec la chancellerie?

— Mais aussi, mon cher, dit Dutocq avec l'humeur d'un homme qui se trouve face à face avec un argument auquel il ne trouve rien à répondre, vous avez une rage de remuer des affaires et de vous mêler... !

— Je vous répète, dit Cérizet, que celle-ci est venue me trouver, et j'ai si bien vu tout d'abord qu'il n'y avait pas à lutter contre la mauvaise influence qui se levait sur nous, que j'ai pris le parti de me sauver par un sacrifice.

— Et de quel genre, ce sacrifice?

— Parbleu ! j'ai vendu ma créance, laissant à ceux qui me l'achetaient le soin de se débarbouiller avec monsieur l'avocat.

— Mais quel est l'acquéreur?

— Qui voulez-vous qui se soit mis en mon lieu et place, si ce n'est des gens ayant assez intérêt à la conclusion de l'autre mariage, pour vouloir y contraindre mons Théodose, fût-ce même par corps ?

— Alors mes titres leur sont également nécessaires?

— Sans doute, mais je n'ai pas voulu en disposer avant de vous avoir consulté.

— Eh bien ! qu'est-ce qu'ils en offrent ?

— Dame! mon cher, ce que j'ai accepté moi-même : sachant mieux que vous le danger de leur concurrence, je me suis décidé à liquider dans de mauvaises conditions.

— Mais encore, ces conditions?

— J'ai lâché les titres à quinze mille.

— Allons donc! dit Dutocq en haussant les épaules, c'est qu'apparemment vous trouverez à vous rattraper sur le courtage de l'affaire qui peut-être, après tout, est une machination complotée entre vous et la Peyrade.

— Au moins, mon cher, vous ne mâchez pas vos paroles; il vous passe une infamie par la cervelle et vous la déclinez avec le plus charmant abandon. Heureusement vous m'entendrez tout à l'heure faire à Théodose mon ouverture, et vous pourrez, à son attitude, juger de la connivence qui existe entre nous.

— Soit! dit Dutocq, je retire mon insinuation, mais véritablement vos commettants sont des corsaires; on n'égorge pas ainsi les gens, encore un coup, je n'ai pas comme vous une prime sur laquelle je puisse me retirer.

— Voici, mon pauvre ami, comment je raisonnais; je me disais: Ce bon Dutocq est très-empêtré pour l'acquittement des deniers de sa charge; il trouve une manière de la solder d'un coup; l'événement prouve ce qu'il y a d'aléatoire dans le compromis la Peyrade, on lui offre de l'argent sûr et vivant, le marché n'est donc peut-être pas très-mauvais.

— D'accord; mais perdre les deux cinquièmes!

— Voyons! dit Cérizet, vous parliez tout à l'heure de prime; j'entrevois un moyen de vous en obtenir une; et, si vous vouliez vous engager à battre en brèche l'affaire Colleville, et à y prendre le contre-pied du rôle que vous y avez joué jusqu'ici, je ne désespérerais pas d'arriver à vous ménager le chiffre rond de vingt mille francs.

— Alors vous croyez donc que cette combinaison nouvelle ne sera pas agréable à la Peyrade? qu'il y résistera? Est-ce qu'il s'agirait d'une héritière sur laquelle le drôle aurait déjà pris des arrhes?

— Tout ce que je puis vous dire, c'est que, pour la conclusion, on s'attend à du tirage.

— Je ne demande pas mieux que de tirer dans votre sens et d'être désagréable à la Peyrade; mais cinq mille francs, pensez-y donc, c'est trop perdre!

A ce moment, la porte du cabinet s'ouvrit et un garçon introduisit le convive attendu.

— Vous pouvez servir, dit Cérizet au garçon, nous n'attendons plus personne.

On voyait que Théodose commençait à prendre son élan vers les hautes sphères sociales; l'élégance devenait pour lui une constante préoccupation. Il avait fait une toilette du soir et était venu en habit et en souliers vernis, tandis que ses deux commensaux le recevaient en redingote et en bottes crottées.

— Messeigneurs, dit-il, je crois que je suis un peu en retard ; mais ce diable de Thuillier, avec cette brochure que je confectionne pour lui, est bien le plus insupportable des personnages. J'ai eu le malheur d'arranger avec lui que nous reverrions ensemble les épreuves ; à chaque alinéa, c'est une lutte. « Ce que je ne comprends pas, dit-il toujours, le public ne le comprendra pas non plus. Je ne suis pas un homme de lettres, mais je suis un homme pratique; » et il faut batailler sur toutes les phrases. J'ai cru que la séance de tout à l'heure ne finirait pas.

— Que voulez-vous, mon cher ! dit Dutocq, quand on veut arriver, il faut avoir le courage de quelques sacrifices ; le mariage fait, vous relèverez la tête.

— Ah oui ! dit la Peyrade avec un soupir, je la relèverai, car depuis le temps que vous me faites manger de ce pain d'angoisse, je commence à en être terriblement las.

— Cérizet, dit Dutocq, va aujourd'hui vous nourrir d'une façon plus succulente.

Et d'abord l'on ne s'occupa plus que de faire

honneur au menu que M. le principal locataire avait commandé avec ses souvenirs de temps plus heureux. Comme il arrive dans les dîners d'affaires où chacun, occupé des questions à l'ordre du jour, affecte pourtant de ne les point aborder de peur de compromettre ses avantages en se donnant un air trop empressé, la conversation, pendant longtemps, se tint dans des termes généraux, et ce ne fut qu'aux abords du dessert que Cérizet se décida à demander à la Peyrade ce qui avait été résolu relativement au chiffre du bail.

— Rien, mon cher, répondit la Peyrade.

— Comment! rien! Je vous avais pourtant laissé tout le temps d'arrêter quelque chose.

— Et en effet, il y a quelque chose d'arrêté : c'est qu'il n'y aura pas de principal locataire, mademoiselle Brigitte se charge de gérer la maison.

— C'est différent, dit Cérizet d'un air pincé; après les engagements pris avec moi, j'avoue que j'étais loin de m'attendre à un pareil dénoûment.

— Que veux-tu, mon cher! je m'étais engagé, sauf rectification, et je n'ai pas été maître de donner un autre tour à l'affaire. En sa qualité de maîtresse femme et de spécimen du mouvement perpétuel, mademoiselle Thuillier a réfléchi qu'elle pouvait se charger d'administrer l'immeuble, et qu'elle mettrait ainsi dans sa poche le bénéfice que tu te réservais. J'ai eu beau lui représenter les tracas et les soucis de toute sorte qu'elle allait assumer : — « Bah ! bah ! m'a-t-elle répondu, cela me fouettera le sang et sera excellent pour ma santé. »

— Mais c'est pitoyable ! dit Cérizet, la pauvre fille ne saura par quel bout en prendre ; elle ne s'imagine pas ce que c'est qu'une maison inhabitée, et qu'il faut, du haut en bas, meubler de locataires.

— Je lui ai fait tous ces arguments, répondit la Peyrade, mais je n'ai pas seulement entamé sa résolution. Voilà, mes chers démocrates, vous avez brassé la révolution de 89 ; vous vous êtes imaginé faire une spéculation excellente en détrônant le noble par le bourgeois, et vous êtes tout simplement mis à la paille. Ceci a l'air d'un paradoxe, mais ce n'était pas le manant qui était taillable et corvéable à merci, c'était le noble. L'aristocratie, pour le soin de sa dignité, s'interdisant une foule de détails roturiers, même celui de savoir écrire, se trouvait de fait dans la dépendance de toute cette plèbe de serviteurs auxquels elle était obligée d'avoir recours et de se confier pour les trois quarts des actes de sa vie. C'était alors le règne des intendants, de ces clercs avisés et retors par les mains desquels passaient tous les intérêts des grandes familles, et qui, même sans mériter la détestable réputation qu'on leur a faite, par la force des choses, s'engraissaient rien que par les rognures des splendides fortunes qu'ils administraient. Maintenant nous avons une foule d'aphorismes utilitaires : « On n'est jamais si bien servi que par soi-même. Il n'y a pas de honte à s'occuper de ses affaires, » et mille autres aperçus bourgeois qui, faisant de l'action le domaine de chacun, ont supprimé le rôle des intermédiaires. Que voulez-vous que mademoiselle Brigitte Thuillier n'ait pas la prétention de gérer sa maison, quand des ducs et des pairs de France vont de leur personne à la Bourse, quand ils passent eux-mêmes leurs baux, qu'ils se font lire les actes avant de les signer, et vont eux-mêmes les discuter chez le notaire, qu'autrefois ils appelaient dédaigneusement un tabellion?

Pendant la tirade de la Peyrade, Cérizet avait eu le temps de se remettre du coup qu'il venait de recevoir en pleine poitrine, et ménageant la transition à l'autre intérêt dont il s'était fait le mandataire :

— Tout ce que tu viens de nous débiter, dit-il négligemment, est, mon cher, très-spirituel ; mais ce qui me semble surtout démontrer notre échec, c'est que tu n'es pas auprès de mademoiselle Thuillier sur le pied d'influence que tu voudrais nous faire croire. Elle échappe bel et bien à l'occasion, et je ne vois pas dès lors que ton mariage soit aussi fait que Dutocq et moi nous nous plaisions à nous le persuader.

— Sans doute, répondit la Peyrade, il y a encore des soins à se donner pour achever notre ébauche, mais je la crois très-avancée.

— Moi je tiens au contraire que tu as perdu du terrain, et c'est tout simple : tu viens de rendre à tes gens un immense service : cela ne se pardonne pas.

— Enfin nous verrons, dit la Peyrade, et je les tiens encore par plus d'un bout.

— Non, positivement, tu as cru faire merveille en les comblant, et maintenant qu'ils sont émancipés ils te traitent sous jambe; le cœur humain est ainsi fait et surtout celui des bourgeois; ce n'est pas, vois-tu, parce que dans le cas donné j'ai le contre-coup de cette déchéance où je te sens tomber, mais à ta place, je ne me croirais pas sur un terrain solide, et s'il se présentait quelque ouverture à me retourner...

— Comment! parce que je n'ai pas pu te ménager ce bail, je devrais jeter le manche après la cognée?

— Je te répète, dit Cérizet, que je ne vois pas la chose à travers mon intérêt, mais comme je ne mets pas en doute qu'en ami véritable tu n'aies fait pour arriver au succès tous les efforts imaginables, je trouve dans la manière dont tu as été éconduit un symptôme très-inquiétant; cela même me décide à te dire quelque chose dont autrement je ne t'aurais pas parlé, parce que je trouve que lorsqu'on a un but on doit y marcher sans regarder devant ni derrière, et sans se laisser divertir par aucune autre aspiration.

— Ah çà! voyons, dit la Peyrade, que signifie tout ce verbiage? qu'est-ce que tu as à me proposer? qu'est-ce que ça coûtera?

— Mon cher, répondit Cérizet sans relever l'impertinence, toi-même apprécieras ce que peut valoir la trouvaille d'une jeune fille bien élevée, ornée, avec de la beauté et des talents, d'une dot équivalant au moins à celle de Céleste, qu'elle a, elle, de première main; plus, cent cinquante mille francs de diamants, comme mademoiselle George sur les affiches de province, et, ce qui doit frapper surtout un homme d'un tempérament ambitieux, la disposition d'une position politique en faveur de son mari.

— Et ce trésor, tu l'as dans ta main? demanda la Peyrade d'un air d'incrédulité.

— Mieux que cela, je suis autorisé à te l'offrir, j'ai presque dit que j'en étais chargé.

— Mon ami, tu te moques de moi, et, à moins de supposer dans ce phénix quelque affreux vice rédhibitoire...

— J'en conviens, dit Cérizet, il y a quelque petite chose à redire, non pas du côté de la famille, car, à vrai dire, la jeune personne n'en a pas.

— Ah! dit la Peyrade, un enfant naturel, et après?

— Après? il y a déjà quelque temps qu'elle

a coiffé sainte Catherine, elle pourrait bien être dans les vingt-neuf ans ; mais d'une fille vieillotte, il n'y a rien de si facile que de faire, par l'imagination, une jeune veuve.

— Et c'est là tout le venin?

— Oui, tout ce qu'il y a d'irréparable.

— Comment l'entends-tu ? Est-ce que la rhinoplastie devrait passer par là ?

Adressé à Cérizet, le mot avait une allure agressive que du reste, depuis le commencement du dîner, il avait été facile de démêler dans toute la conversation de l'avocat. Mais il n'entrait pas dans le rôle du négociateur d'avoir l'air de la remarquer.

— Non, répondit-il, nous avons le nez aussi bien fait que le pied et la taille ; mais nous pourrions bien être un peu atteinte d'hystérie.

— Très-bien ! fit la Peyrade, et comme de l'hystérie à l'aliénation mentale il n'y a qu'un pas...

— Eh bien ! oui, dit vivement Cérizet, des chagrins ont laissé dans notre cervelle un léger dérangement, mais les médecins sont unanimes dans leur diagnostic, et au premier enfant il ne restera plus la moindre trace de ce petit travers d'esprit.

— Je tiens messieurs les docteurs pour infaillibles, répondit l'avocat, mais, malgré tes découragements, tu me permettras, mon ami, de persister du côté de mademoiselle Colleville. C'est peut-être assez ridicule à avouer, mais le fait est qu'avec cette petite je tourne tout doucement à être très-amoureux. Ce n'est pas que sa beauté soit bien resplendissante, et que l'éclat de la dot me donne des éblouissements, mais je trouve dans cette enfant de la naïveté jointe à un grand fonds de *raison*, et ce qui est pour moi quelque chose de déterminant, sa piété sincère et solide a quelque chose qui m'attire; je crois qu'un mari sera heureux avec elle.

— Oui, dit Cérizet, qui, ayant joué la comédie, put bien avoir ce souvenir de Molière : *Votre hymen sera confit en douceurs, en plaisirs.*

L'allusion à Tartufe fut vivement sentie par la Peyrade, qui, la relevant, ajouta :

— A ce contact de l'innocence je me désinfecterai de l'ignoble milieu dans lequel j'ai trop longtemps vécu.

— Et tu payeras tes lettres de change, ajouta Cérizet, ce que je te conseille de faire avec le moins de délai possible, car Dutocq ici présent m'avouait tout à l'heure qu'il ne serait pas fâché de voir enfin la couleur de ton argent.

— Moi, mais pas du tout, dit Dutocq ; je trouve au contraire que notre ami est parfaitement dans les délais.

— Eh bien, moi, dit la Peyrade, je suis de l'avis de Cérizet, et je tiens que moins une dette est due, et plus par conséquent elle est contestable et véreuse, plus on doit avoir de hâte de s'en libérer.

— Mais, mon cher la Peyrade, dit Dutocq, vous le prenez sur un ton d'amertume !...

Tirant de sa poche un portefeuille :

— Avez-vous là vos titres, Dutocq ? dit la Peyrade.

— Ma foi, non, mon cher, dit le greffier, et je les porte d'autant moins sur moi qu'ils sont entre les mains de Cérizet.

— Eh bien, ajouta l'avocat en se levant, quand vous voudrez passer chez moi, je paye à bureau ouvert ; Cérizet peut vous en dire quelque chose.

— Comment ! tu nous quittes sans prendre le café ? dit Cérizet dans le dernier étonnement.

— Oui, à huit heures j'ai rendez-vous pour un arbitrage; d'ailleurs nous nous sommes dit ce que nous avions à nous dire; tu n'as pas le bail, tu as tes vingt-cinq mille francs, ceux de Dutocq sont tout prêts quand il lui plaira de se présenter à ma caisse : je ne vois donc rien qui m'empêche d'aller où mes affaires m'appellent et de vous saluer très-cordialement.

XXVI

LES RENCONTRES.

— Ah çà ! dit Cérizet en voyant sortir la Peyrade, c'est une rupture.

— Et accentuée avec tout le soin possible, remarqua Dutocq. De quel air il a tiré son portefeuille !

— Mais où diable, demanda l'usurier, a-t-il pu prendre cet argent ?

— Sans doute, repartit ironiquement le greffier, où il avait pris celui qu'il lui a fallu pour retirer les titres dont vous aviez été obligé de vous défaire à vil prix.

— Mon bon Dutocq, dit Cérizet, je vous expliquerai les circonstances dans lesquelles cet insolent s'est libéré avec moi, et vous verrez si, par le fait, il ne m'a pas volé quinze mille francs.

— C'est possible ; mais vous, mon aimable commis, vous vouliez m'en soutirer dix mille.

— Mais non ; j'étais très-positivement chargé de vous acheter votre créance, et, en définitive, mes offres étaient montées à vingt mille quand le beau Théodose est entré...

— Enfin, dit le greffier, en sortant d'ici, nous irons chez vous, et vous me remettrez les lettres de change, parce que vous comprenez, demain, dès qu'il sera une heure humaine, je passerai à ce que ce monsieur appelle sa caisse. Je ne veux pas laisser refroidir son humeur payante.

— Et bien vous ferez, car je vous promets que d'ici à quelque temps il y aura du grabuge dans sa vie.

— C'est donc sérieux cette histoire de folle que vous vouliez lui faire épouser? J'avoue qu'à sa place et ses affaires prenant ce tour vainqueur, je n'aurais pas non plus beaucoup donné dans la proposition ; les Ninas, les Ophélias, c'est très-intéressant au théâtre, mais dans un ménage...

— Dans un ménage, quand elles apportent une belle dot, on est leur tuteur, répondit sentencieusement Cérizet, et, à bien dire, on a la fortune, et pas la femme.

— Au fait, dit Dutocq, c'est un point de vue.

— Si vous voulez, dit Cérizet, nous irons prendre le café hors d'ici. Ce dîner a tourné si sottement, que j'ai hâte de sortir de ce cabinet, où d'ailleurs on manque d'air.

Et il sonna le garçon.

— La carte! lui dit-il.

— Mais, m'sieu, elle est soldée.

— Comment! soldée, et par qui?

— Par le monsieur qui vient de sortir tout à l'heure.

— Mais c'est inimaginable, s'écria Cérizet, c'est moi qui commande le dîner et vous le laissez payer par un inconnu!

— Ce n'est pas moi, monsieur, dit le garçon; ce monsieur a été payer à la dame du comptoir; elle aura cru que c'était entendu; ce n'est déjà pas si commun, les personnes qui font assaut pour payer les cartes.

— Allons, c'est bien ! dit Cérizet en congédiant le garçon.

— Ces messieurs ne prennent pas de café? demanda celui-ci avant de sortir, il est payé.

— C'est justement pour ça que nous ne le prendrons pas, dit Cérizet avec humeur. Il est inconcevable que dans une maison comme celle-ci on commette de pareilles bévues. Concevez-vous cette insolence? ajouta-t-il quand le garçon fut sorti.

— Pouh ! fit Dutocq en prenant son chapeau, c'est un procédé de lycéen, il veut montrer qu'il a de l'argent, on voit que c'est pour lui une nouveauté.

— Non, non, du tout, dit Cérizet, c'est une manière de marquer la rupture. — Je ne veux pas, a-t-il l'air de me dire, vous devoir même un dîner.

— Au fait, mon cher, objecta Dutocq pendant qu'on descendait l'escalier, ce banquet se donnait en vue de célébrer votre intronisation comme principal locataire. Il n'a pas pu vous faire avoir le bail. Je comprends que sa conscience se soit inquiétée à l'idée de vous laisser payer un dîner qui, comme mes lettres de change, devenait une obligation sans cause.

Cérizet laissa tomber cette malicieuse explication. On était arrivé devant le comptoir où trônait la dame qui s'était laissé indûment payer, et, dans l'intérêt de sa dignité, l'usurier se crut obligé de lui faire une scène.

Les deux commensaux sortirent ensuite ensemble, et l'homme de la rue aux Poules mena son patron prendre du café dans un ignoble estaminet du passage du Saumon.

Là, l'amphitryon à bon marché recouvra sa bonne humeur, il était comme un poisson mis à sec et qu'on vient de rejeter à l'eau ; arrivé à cet état de dégradation où l'on se sent mal à l'aise dans les lieux hantés par la bonne compagnie, ce fut avec une sorte de volupté que, dans cet estaminet où se jouait bruyamment une poule au profit d'un *ancien vainqueur de la Bastille*, Cérizet retrouva son élément.

Il avait dans l'établissement une renommée d'habile joueur de billard, et fut sollicité de prendre part à la poule commencée. En langage technique, il *acheta une bille*, c'est-à-dire qu'un des figurants du tournoi lui vendit son tour et ses chances. Dutocq profita de cet arrangement pour s'esquiver et aller prendre soi-disant des nouvelles d'un ami malade.

Bientôt après, habit bas et la pipe aux dents, Cérizet venait de faire un de ces coups de maître qui soulèvent dans la galerie des admirations frénétiques, lorsque au regard qu'il promenait autour de lui en triomphateur, vint s'offrir un terrible rabat-joie.

Mêlé parmi l'assistance, du haut de sa canne sur laquelle reposait son menton, du Portail le contemplait.

Un pied de rouge s'étendit sur les joues de Cérizet, qui hésita à saluer et à reconnaître le rentier si peu probable en pareil lieu. Sans prendre de parti sur cette désagréable rencontre, il resta tout préoccupé; son jeu se ressentit de sa distraction, et, un peu après, un coup malheureux le rejeta de la partie.

Pendant qu'il se rajustait d'assez mauvaise humeur, du Portail se leva et, en le frôlant pour sortir :

— Rue Montmartre, à l'extrémité du passage! lui dit-il à voix basse.

Quand ils se furent rejoints, Cérizet eut le mauvais goût de vouloir expliquer l'attitude débraillée dans laquelle il venait d'être surpris.

— Mais pour vous avoir vu là, dit du Portail, il fallait que j'y fusse aussi.

— C'est vrai, répondit l'usurier, j'ai été assez étonné de trouver dans cet endroit un tranquille habitant du quartier Saint-Sulpice.

— Ce qui vous prouve, repartit le rentier d'un ton qui coupait court à toute explication et à toute curiosité, que j'ai l'habitude d'aller un peu partout, et que j'ai de l'étoile pour me trouver sur le chemin des gens que j'ai le désir de rencontrer ; je pensais à vous au moment où vous êtes entré. Eh bien ! qu'avez-vous fait ?

— Rien de bon, dit Cérizet. Après m'avoir joué un tour pendable et m'avoir dépossédé d'une affaire magnifique, notre homme a repoussé l'ouverture avec le dernier dédain. Il n'y a aucune espérance d'avoir la créance de Dutocq ; la Peyrade paraît en argent, car il voulait retirer ses titres séance tenante, et demain matin certainement il se sera libéré.

— Ainsi, il tient pour fait son mariage avec cette demoiselle Colleville ?

— Non-seulement il le tient pour fait, mais sa prétention est maintenant de donner à supposer un mariage de cœur. Il m'a débité une tirade pour me persuader qu'il était sérieusement amoureux.

— C'est bien ! dit du Portail en voulant montrer qu'au besoin il parlait aussi la langue des estaminets : *arrêtez les frais*. (Ce qui voulait dire : Ne vous mêlez plus de rien.) Je me charge de mater le monsieur. Venez seulement me voir demain pour me mettre au fait de la famille dans laquelle il prétend entrer. Vous avez manqué une affaire ; soyez tranquille : avec moi, d'autres se retrouveront.

Cela dit, il fit signe au cocher d'une citadine qui passait à vide, monta dedans et, adressant à Cérizet un salut amical, mais protecteur, il donna l'adresse de la rue Honoré-Chevalier.

En descendant la rue Montmartre pour regagner le quartier de l'Estrapade, Cérizet se donnait la torture pour deviner quel pouvait être ce petit vieillard à la parole brève, à l'intimation impérieuse, qui avait l'air de jeter sur les gens quand il leur parlait un grappin d'abordage et qui venait si loin de chez lui passer sa soirée en un lieu où, vu la distinction répandue dans toute sa personne, il était assurément des plus déplacés.

Arrivé à la hauteur de la Halle, Cérizet n'avait pas encore trouvé la solution de son problème ; mais à ce moment il en fut assez rudement distrait par une forte bourrade qu'il reçut dans le dos.

Se retournant vivement, il se trouva en présence de madame Cardinal, dont, au reste, la rencontre en ces parages, où elle venait tous les matins s'approvisionner pour son commerce, n'avait rien d'absolument imprévu.

Depuis la soirée de la rue Honoré-Chevalier, nonobstant la clémence dont elle avait été l'objet, la digne femme n'avait pas trouvé prudent de faire à son domicile autre chose que de très-courtes apparitions, et depuis deux jours elle noyait chez les liquoristes, dits *débits de consolation*, la douleur de sa déconvenue.

La parole épaisse et le visage allumé :

— Eh bien ! papa, dit-elle à Cérizet, comment ça *s'a* passé avec le petit vieux ?

— En quelques paroles, répondit l'usurier, je lui ai fait comprendre qu'il ne s'agissait, entre lui et moi, que d'un malentendu. Dans tout ceci, ma pauvre madame Cardinal, vous aviez agi avec une légèreté vraiment impardonnable; comment ! lorsque vous me demandiez mon concours pour recueillir la succession de votre oncle, en étiez-vous à savoir qu'il avait une fille naturelle à laquelle il avait dès longtemps manifesté l'intention de tout laisser par testament ? Ce petit vieux, qui est venu vous interrompre dans votre ridicule tentative d'héritage anticipé, n'était autre chose que le tuteur de la légataire.

— Ah ! c'est ça un tuteur ! dit la Cardinal ; eh bien ! ils sont gentils, les tuteurs. A une femme d'âge comme moi, pour l'histoire qu'elle a voulu s'assurer si son oncle laisse quelque chose, lui parler qu'il va envoyer chercher la garde ! Si c'est pas une horreur, une *dégoûtation !*

— Allons ! dit Cérizet, il ne faut pas vous plaindre, mère Cardinal, vous vous en êtes tirée à bon marché.

— Eh bien ! vous donc, qui aviez crocheté les serrures et qui vouliez accaparer les diamants, sous couleur d'épouser ma fille. Avec ça qu'elle voulait de vous, ma fille ! et une fille légitime, celle-là ! « Jamais, ma mère, qu'elle m'a dit, je ne donnerai mon cœur à un homme qui a le nez fait comme ça ! »

— Vous l'avez donc retrouvée, votre fille ?

— Pas plus tard qu'hier soir ; elle a quitté sa crapule de cabotin, et elle est, je puis m'en flatter, dans une position superbe, mangeant dans l'argent, ayant sa citadine au mois et très-estimée d'un avocat qui l'épouserait tout de suite, mais que faut attendre la mort des parents, parce que le père se trouve être maire, et que ce mariage pourrait contrarier le gouvernement.

— Ah çà! ma brave femme, dit Cérizet, quel diable de galimatias me faites-vous là? le père se trouve être mère.

— Eh bien, quoi? maire de son arrondissesement, qui est l'onzième; M. Minard, un négociant retiré des cacaos, qu'est puissamment riche.

— Ah! très-bien! très-bien! je le connais. Et vous dites qu'Olympe est avec son fils?

— C'est-à-dire qu'ils ne demeurent pas ensemble, pour éviter les langues, quoiqu'il ne la voie que pour le bon motif; lui est chez monsieur son père, et, en attendant, ils ont acheté leur ménage et ils l'ont mis avec ma fille dans un logement du côté de la Chaussée-d'Antin: un crâne quartier, n'est-ce pas?

— Mais ça me paraît très-bien arrangé, dit Cérizet; et puisque, en définitive, le ciel ne nous avait pas destinés l'un à l'autre...

— Oui, c'est comme ça ; et je crois que cette enfant-là finira par me donner bien de la satisfaction, même qu'il y a quelque chose sur quoi je voulais vous consulter.

— De quoi s'agit-il ? demanda Cérizet.

— Il s'agit que ma fille étant dans le bonheur, je ne peux pas, moi, continuer à crier la marée dans les rues ; et puis, de ce que je me trouve déshéritée par mon oncle, je peux, il me semble, avoir droit à une pension *élémentaire.*

— Vous rêvez, ma pauvre femme, votre fille est mineure, c'est vous qui devez la nourrir, et non pas elle qui vous doit des aliments.

— Alors, dit madame Cardinal en s'animant, ceux qui n'ont pas donneraient à ceux qui ont ! C'est du propre que la loi, elle est aussi aimable que les tuteurs qui, *poure* rien, parlent d'aller chercher la garde. Eh ben oui ! qu'il y aille donc chercher la garde ; qu'il me fasse guillotiner ! Ça ne m'empêchera pas de dire que les riches, c'est tous filous, et qu'il faudra que le peuple fasse une révolution pour avoir ses droits *duquel*, mon garçon, toi, ma fille, Minard l'avocat, et le petit tuteur, voyez-vous ! vous y passerez.

Voyant que son ex-belle-mère était arrivée à un degré d'exaltation tout à fait inquiétant; Cérizet s'empressa de la quitter, et il était déjà à plus d'une cinquantaine de pas, qu'il se sentait encore poursuivi par des épithètes qu'il se promit bien de lui revaloir la première fois qu'elle viendrait à la banque de la rue des Poules lui demander une *facilité*.

En arrivant près de sa maison, Cérizet, qui n'était rien moins que brave, eut une émotion; il aperçut une figure embusquée auprès de la porte et qui, à son approche, se mit en mouvement et fit mine de se diriger vers lui.

Heureusement, ce n'était que Dutocq. Il venait pour chercher ses lettres de change. Cérizet les restitua d'assez mauvaise humeur en se plaignant de l'espèce de défiance qu'impliquait une visite à une heure aussi indue.

Dutocq ne tint pas grand compte de cette susceptibilité, et le lendemain, de bon matin, il se présentait chez la Peyrade.

La Peyrade paya rubis sur l'ongle, et à quelques phrases sentimentales auxquelles se laissa entraîner Dutocq quand une fois il fut nanti de la somme, il ne répondit qu'avec une froideur marquée.

Tout dans son habitude extérieure accusait l'attitude de l'esclave qui vient de briser sa chaîne et qui ne se promet pas de faire un usage très-évangélique de sa liberté.

Au moment où il reconduisait son créancier, celui-ci se trouva face à face avec une femme en costume de servante qui se disposait à tinter la sonnette de la Peyrade.

Cette femme était, à ce qu'il paraît, de la connaissance de Dutocq, car il lui dit :

— Ah ! ah ! petite mère, nous éprouvons le besoin de consulter un avocat ; vous avez raison, au conseil de famille il a été articulé, à votre sujet, des faits très-graves.

— Je n'ai, Dieu merci ! peur de personne, et je puis aller la tête levée, répondit celle qui venait d'être ainsi interpellée.

— Tant mieux ! dit le greffier de la justice de paix, tant mieux, mais vous serez probablement bientôt mandée chez le juge chargé de rapporter l'affaire. Au reste, vous êtes en bonnes mains, et l'ami la Peyrade vous conseillera comme il faut.

— Monsieur se trompe, répondit la servante, et ce n'est pas pour ce qu'il imagine que je suis venue consulter M. l'avocat.

— Enfin, tenez-vous bien toujours, ma chère dame, car je vous préviens que vous serez épluchée de la bonne manière. Les parents sont furieux contre vous, et on ne leur ôtera pas de l'idée que vous êtes très-riche.

En parlant ainsi, Dutocq avait l'œil sur Théodose, qui soutint mal ce regard et engagea sa cliente à entrer.

Voici ce qui, la veille, s'était passé entre cette femme et la Peyrade.

XXVII

A DÉVOT DÉVOTE ET DEMIE.

La Peyrade, on s'en souvient, était dans l'habitude d'aller entendre tous les matins la première messe à sa paroisse. Depuis quelque temps, de la part de la femme que nous venons de voir entrer chez lui, et qui, pour parler comme Dorine du *Tartuffe*, avait le soin de se trouver là à *ses heures précises*, il se voyait l'objet d'une attention singulière à laquelle il avait été embarrassé de donner une interprétation.

Un entraînement de cœur? Cette explication n'était pas compatible avec la grande maturité et l'air béat de cette dévote qui, sous le bonnet étriqué, dit à la *janséniste*, auquel, dans le quartier Saint-Jacques, se reconnaissent encore quelques ferventes de cette secte, affectait, comme une religieuse, de ne pas montrer de cheveux; d'autre part, des vêtements d'une propreté presque cossue et une croix d'or portée au cou, suspendue par un ruban de velours noir, excluaient l'idée d'une mendicité timide et hésitante qui aurait mis tout ce délai à s'enhardir et à se déclarer.

Le matin du jour où devait avoir lieu le dîner du *Rocher de Cancale*, lassé d'un manége qui avait fini par devenir pour lui une préoccupation, et voyant d'ailleurs que son énigme en bonnet rond se disposait à l'aborder, la Peyrade avait été à elle, et lui avait demandé si elle avait quelque requête à lui présenter.

— Monsieur, lui fut-il répondu d'un accent tout mystique, est le célèbre M. de la Peyrade, l'avocat des pauvres?

— Je suis la Peyrade, et j'ai eu, en effet, l'occasion de rendre quelques services aux indigents du quartier.

Telle fut la variante modeste du Provençal qui, en ce moment, n'était pas trop de son pays.

— Si c'était alors un effet de la bonté de monsieur de m'entendre en consultation?

— Le lieu, repartit la Peyrade, n'est pas trop bien choisi pour cette conférence. Ce que vous avez à me dire paraît important, car déjà depuis longtemps vous marchandez à m'aborder; je demeure ici près, rue Saint-Dominique-d'Enfer, et si vous voulez prendre la peine de passer à mon cabinet...

— Ça ne contrariera pas monsieur?

— Pas le moins du monde; mon métier est d'entendre les clients.

— A quelle heure, pour ne pas déranger monsieur?

— Quand vous voudrez; je serai chez moi toute la matinée.

— Alors, je vais encore entendre une messe où je communierai; à celle-ci, je n'aurais pas osé, l'idée de monsieur m'aurait donné trop de distractions. Quand j'aurai fait ma méditation, je pourrai être chez monsieur sur les huit heures, si cela ne le gêne pas.

— Mais non, et il n'y a pas besoin de tant

de cérémonies, dit la Peyrade avec une nuance d'impatience.

Peut-être dans ce petit mouvement d'humeur entrait-il un peu de jalousie de métier, car, évidemment, il avait affaire à une jouteuse capable de lui rendre des points.

A l'heure dite, pas une minute de plus, pas une minute de moins, la dévote sonnait à la porte de l'avocat qui, après avoir eu quelque peine à la faire asseoir, l'engagea à parler.

La béate eut alors un accès de cette petite toux dilatoire avec laquelle on se ménage un répit quand on est en présence d'un sujet difficile. Ensuite, se décidant à aborder l'objet de sa visite :

— C'était, dit-elle, pour que monsieur veuille bien me faire connaître s'il serait vrai qu'un homme très-charitable, et aujourd'hui décédé, aurait laissé des fonds pour récompenser les domestiques qui se conduisent bien avec leurs maîtres ?

— C'est-à-dire, répondit la Peyrade, que M. de Montyon a fondé des prix de vertu qui, en effet, sont souvent décernés à des serviteurs zélés et exemplaires ; mais une bonne conduite ne suffit pas; pour avoir droit à ces récompenses, il faut des actes de haut dévouement et d'une abnégation véritablement chrétienne.

— La religion, reprit la dévote, nous recommande l'humilité, et je n'oserais certainement pas faire *ma* propre éloge, mais de ce que, depuis plus de vingt ans, je me trouve au service d'un vieillard, tout ce qu'il y a de plus insipide, un savant, qui a tout mangé dans des inventions et que je suis obligé de le nourrir, des personnes ont pensé que peut-être je n'ai pas tout à fait démérité d'obtenir le prix.

— C'est en effet dans ces conditions, répondit la Peyrade, que l'Académie choisit ses candidats. Comment s'appelle votre maître?

— Le père Picot; on ne le nomme pas autrement dans le quartier, où il sort souvent fait comme un carnaval, ce qui amasse autour de lui les enfants, et ils sont tous à lui crier : « Bonjour, père Picot! bonjour, père Picot! » Mais c'est comme ça, il ne se soucie pas de sa considération; il s'en va occupé de ses idées, et j'ai beau me tuer le tempérament pour lui faire une petite cuisine réveillante, vous lui demanderiez ce qu'il a mangé à son dîner, il ne serait pas en état de vous répondre; un homme pourtant plein de moyens et qui a fait de très-bons élèves : ainsi, monsieur connaît peut-être le fils Thuillier, un professeur du collége Saint-Louis, et qui vient encore assez souvent chez nous.

— Alors, dit la Peyrade, votre maître est un mathématicien.

— Oui, monsieur, c'est les mathématiques qui ont fait son malheur; il s'est jeté *dans* un tas d'idées qui, à ce qu'il paraît, n'ont pas le sens commun, après s'être abîmé la vue à l'Observatoire, ici près, où il a été employé pendant des années.

— Eh bien, dit la Peyrade, il s'agirait d'avoir quelques attestations constatant votre long dévouement pour ce vieillard, ensuite je rédigerais un mémoire pour l'Académie et je ferais quelques démarches.

— Que monsieur est bon! dit la dévote en joignant les mains, et s'il me permettait de lui parler d'une petite difficulté.

— De quoi s'agit-il?

— On m'a dit, monsieur, que les prix, pour les obtenir, il fallait être tout à fait gêné.

— Pas précisément ; cependant l'Académie a, en effet, l'attention de choisir des personnes peu aisées, et ayant eu l'occasion de faire des sacrifices au-dessus de leurs forces.

— Des sacrifices, il me semble que je peux m'en flatter, quand une petite succession que j'ai héritée de mes parents a passé tout entière dans le ménage, et quand depuis plus de quinze ans je n'ai pas touché un sou de gages, ce qui, à trois cents francs par an, avec les intérêts composés, fait une assez jolie somme, monsieur en conviendra.

A ces mots d'intérêts composés, qui laissaient supposer une certaine culture financière, la Peyrade regarda avec plus d'attention cette Antigone.

— Enfin, dit-il, cette difficulté qui vous préoccupe...?

— Monsieur, répondit la béate, personne, il me semble, ne peut trouver mauvais qu'un oncle très-riche qui vient de mourir en Angleterre et qui n'avait jamais rien fait pour sa famille, de son vivant, m'ait laissé par son testament une somme de vingt-cinq mille francs.

— Assurément, dit l'avocat, il n'y a rien là que de très-naturel et de très-légal.

— Eh bien, monsieur, je me suis pourtant laissé dire que ça me pourrait faire du tort auprès de messieurs les juges.

— C'est possible, parce que, vous trouvant dès lors en possession d'une petite aisance, les sacrifices que vous vous proposez sans doute de continuer en faveur de votre maître auraient quelque chose de moins méritoire.

— Certainement que je ne l'abandonnerai jamais, le pauvre bon homme, malgré ses défauts, et qu'avec lui ce pauvre petit avoir qui vient de m'arriver coure les plus grands dangers.

— Comment cela? demanda curieusement la Peyrade.

— Eh! monsieur, qu'il me sente seulement un peu d'argent, ça ne sera qu'une bouchée, tout passera dans ses inventions de mouvement perpétuel et de machines où il s'est déjà ruiné et moi avec.

— Alors, dit la Peyrade, votre désir serait qu'aussi bien pour l'Académie que pour votre maître, ce legs qui vient de vous arriver restât complétement inconnu?

— Comme monsieur est homme d'esprit et comprend bien les choses! dit la dévote en souriant.

— Et d'un autre côté, cependant, continua l'avocat, vous ne voudrez pas garder par devers vous cet argent?

— Pour que mon maître le trouve et qu'il s'en empare! D'ailleurs, monsieur comprend, pour lui faire quelques douceurs, à ce brave homme, je ne serais pas fâchée que la somme portât intérêt.

— Et l'intérêt le plus gros possible? dit l'avocat.

— Dame! monsieur, cinq à six pour cent.

— Alors, c'est à la fois sur un mémoire pour vous faire obtenir un prix de vertu et sur un placement à faire que vous désiriez depuis si longtemps me consulter?

— Monsieur est si bon, si charitable, si encourageant!

— Le mémoire, après une petite enquête, en sera plus facile; mais un placement, offrant toute sûreté, et dont le secret vous soit religieusement gardé, c'est beaucoup moins aisé à vous indiquer.

— Ah! si j'osais! dit la dévote.

— Quoi? fit la Peyrade.

— Monsieur me comprend.

— Moi? pas le moins du monde.

— J'ai pourtant bien prié tout à l'heure à cette intention que monsieur voulût me prendre la somme ; j'aurais avec lui une entière confiance pour me la rendre, et pour n'en pas parler.

La Peyrade recueillait en ce moment le fruit de sa comédie de dévouement pour les classes nécessiteuses. Le chœur des portières du quartier le portant aux nues avait seul pu créer à cette domestique la confiance sans bornes dont il se voyait l'objet. Il pensa aussitôt à Dutocq, et ne fut pas éloigné de croire que cette femme lui était envoyée par la Providence. Mais plus il avait envie de profiter de l'occasion pour fonder son indépendance, plus il sentit le besoin de paraître céder à une violence qui lui était faite, et ses objections furent infinies.

En somme, il n'avait pas grande créance dans le caractère de sa cliente, et ne se souciait pas, comme on dit vulgairement, en découvrant saint Pierre pour couvrir saint Paul, de substituer à un créancier qui, après tout, était son complice, une commère qui, d'un moment à l'autre, pouvait devenir exigeante et se laisser emporter à une impatience de remboursement et à des éclats de nature à faire le plus grand tort à sa considération. Il se décida donc à jouer le tout pour le tout.

— Ma chère dame, dit-il à la dévote, je n'ai pas besoin d'argent et je ne suis pas assez riche pour vous payer, sans en faire usage, les intérêts de cette somme de vingt-cinq mille francs. Tout ce que je puis faire, c'est de la placer en mon nom chez le notaire Dupuis; c'est un homme pieux, et vous pouvez le voir le dimanche assis au banc d'œuvre à l'église notre paroisse. Les notaires, vous le savez, ne donnent pas de reçu, moi je ne vous en donnerai pas non plus, vous promettant seulement de laisser dans mes papiers, en cas de mort, un renseignement qui vous assure la restitution du dépôt. Voyez, c'est une affaire de confiance aveugle, et encore je ne la fais qu'à contre-cœur et uniquement pour obliger une personne que des sentiments de piété et l'usage charitable qu'elle entend faire de sa petite fortune recommandent particulièrement à ma bienveillance.

— Si monsieur ne trouve pas que la chose puisse s'arranger autrement...

— C'est tout ce qui me paraît possible, dit

la Peyrade. D'ailleurs, je ne désespère pas de vous avoir six pour cent d'intérêt, et vous devez compter qu'ils vous seront payés avec la plus parfaite exactitude. Seulement, il pourrait peut-être s'écouler six mois à un an avant que le notaire fût en mesure de vous restituer le capital, parce que les fonds que les notaires placent habituellement sur hypothèque s'immobilisent ainsi pour un temps plus ou moins long. Maintenant, quand vous aurez conquis le prix de vertu que, selon toute apparence, je vous ferai obtenir, comme vous n'aurez plus à cacher votre petit pécule, l'intérêt que je comprends très-bien aujourd'hui, je dois vous dire qu'en cas d'indiscrétion, votre somme vous serait immédiatement remise, et je ne me gênerais pas pour dire très-haut la manière dont vous auriez caché votre héritage à ce maître pour lequel vous seriez censée vous être dévouée de la manière la plus absolue. Ceci, vous le sentez, vous poserait comme une fausse bonne femme et nuirait grandement à votre renommée de sainteté.

— Oh ! monsieur, dit la dévote, peut-il croire que je sois une femme à dire ce qu'il ne faut pas ?

— Mon Dieu! ma bonne dame, il faut tout prévoir dans les affaires; l'argent brouille les meilleurs amis et entraîne aux démarches que l'on a su le moins prévoir. Ainsi, réfléchissez, revènez me voir dans quelques jours, il est possible que d'ici là vous trouviez une combinaison meilleure, et moi-même, qui en ce moment fais à la légère quelque chose qui, au fond, me répugne, j'aurai peut-être découvert à notre arrangement des difficultés que je n'entrevois pas en ce moment.

Cette menace adroitement jetée en finale devait immédiatement amener la conclusion.

— C'est tout réfléchi, dit la dévote, avec un homme aussi religieux que monsieur on ne peut courir aucun risque.

Et prenant sous sa guimpe un petit portefeuille, elle en tira vingt-cinq billets de banque. La manière leste dont elle les compta fut pour la Peyrade une révélation. Cette femme devait être habituée à manier de l'argent, et il lui passa dans la tête une idée singulière. Si j'allais, pensa-t-il, être un recéleur!

— Non, dit-il, pour dresser le mémoire que je dois faire tenir à l'Académie, j'ai besoin, comme je vous l'ai dit tout à l'heure, d'une petite enquête, et tantôt j'aurai une occasion naturelle de passer chez vous. A quelle heure y serez-vous seule ?

— Sur les quatre heures, monsieur sort pour aller se promener au Luxembourg.

— Et où demeurez-vous ?

— 9, rue du Val-de-Grâce.

— Eh bien, tantôt, à quatre heures, et si, comme je n'en doute pas, les informations sont favorables, je prendrai votre argent. Autrement, si nous ne devions pas donner suite à votre idée de prix de vertu, vous n'auriez pas d'intérêt à faire mystère de votre héritage ; vous pourriez alors le placer dans des conditions plus normales que celles que je suis obligé de vous proposer.

— Oh ! monsieur est prudent, dit la dévote, qui avait cru l'affaire faite. Cet argent, Dieu merci ! je ne l'ai pas volé, et monsieur peut s'informer de moi dans le quartier.

— C'est justement ce qu'il est indispensable que je fasse, dit avec sécheresse la Peyrade, qui n'aimait pas, sous cet extérieur de simplesse, cette intelligence éveillée qui pénétrait toutes ses pensées ; les prix de vertu ne se donnent pas sur parole, et sans être une voleuse on peut bien n'être pas une sœur de charité; il y a de la marge entre ces deux extrêmes.

— Comme monsieur voudra, dit la dévote, et il me rend un trop grand service pour que je ne lui laisse pas prendre toutes ses précautions.

Et, après un salut plein d'onction, elle sortit, emportant son argent.

— Diable! pensa la Peyrade, cette femme est plus forte que moi; elle avale les couleuvres d'un air reconnaissant et sans faire l'ombre d'une grimace. Je ne suis pas encore arrivé à me maîtriser de cette manière.

Il eut peur d'avoir été trop timoré, et pensa que sa créancière, dans l'intervalle de la visite qu'il lui avait annoncée, pourrait avoir changé d'avis.

Mais le mal était fait, et quoique livré au souci d'une occasion peut-être manquée, il se fût laissé plutôt couper une jambe que de céder à l'entraînement de devancer d'une minute l'heure fixée pour sa visite.

Les informations qu'il prit dans le quartier furent assez contradictoires : les uns donnaient sa cliente pour une sainte, d'autres la présentèrent comme une fine matoise, mais en somme rien n'inculpait sa moralité de façon à faire reculer la Peyrade devant la bonne fortune qu'elle était venue lui offrir.

Quand il la revit à quatre heures, il la trouva dans les mêmes dispositions.

L'argent en poche, il se rendit au *Rocher de Cancale*, et ce fut peut-être aux différentes émotions par lesquelles il avait passé durant cette journée que doit être attribuée la manière vive et peu préparée dont il conduisit sa rupture avec ses deux associés. Cette façon, mal mesurée, n'était ni de son tempérament naturel, ni de son tempérament acquis; mais cet argent tout chaud qu'il portait dans sa poche l'avait quelque peu grisé, et à son contact il avait contracté une animation et une impatience d'émancipation dont il ne fut pas bien maître. Il avait jeté Cérizet par la fenêtre sans même avoir consulté Brigitte, et cependant il n'avait pas eu tout à fait le courage de sa duplicité, car il avait mis au compte de la vieille fille une détermination qui n'émanait que de sa volonté et de l'âpre ressouvenir de ses démêlés avec l'homme qui l'avait longtemps dominé.

En résumé, dans toute cette journée, la

Peyrade ne s'était pas montré l'homme complet et infaillible que nous avons vu jusqu'ici; déjà une première fois porteur des quinze mille francs que lui avait remis Thuillier, il avait été entraîné avec Cérizet à une démarche insurrectionnelle qui, ensuite, avait nécessité le tour de force de l'affaire Sauvaignou. C'est qu'en définitive il est peut-être plus difficile d'être fort dans la bonne que dans la mauvaise fortune.

L'Hercule Farnèse, calme, au repos, exprime plus énergiquement la plénitude de la puissance musculaire que tous les autres Hercules violents, agités, et représentés dans l'éréthisme de leurs travaux.

FIN DE LA PREMIÈRE PARTIE.

DEUXIÈME PARTIE.

I

UNE NOUVELLE VUE DE PHELLION.

Entre les deux parties de ce récit, un événement immense s'était accompli dans la vie de Phellion.

Il n'est personne qui n'ait ouï parler des malheurs de l'Odéon, ce fatal théâtre qui, pendant des années, dévora tous ses directeurs. A tort ou à raison, le quartier dans lequel est située cette impossibilité dramatique reste convaincu qu'elle intéresse à un haut degré sa prospérité, et plus d'une fois le maire et les sommités de l'arrondissement ont été vus, avec un courage qui les honore, se livrant aux combinaisons les plus désespérées pour galvaniser le cadavre.

Toucher aux choses de théâtre est une des ambitions éternellement vivantes de la petite bourgeoisie. Toujours, donc, les sauveurs successifs de l'Odéon se sont trouvés magnifiquement récompensés, quand on leur donnait un semblant de part dans l'administration de l'entreprise. C'est dans une combinaison de cette espèce que Minard, en sa qualité de maire du onzième arrondissement, avait été appelé à la présidence du comité de lecture, avec la faculté de s'adjoindre pour assesseurs un certain nombre de notables du quartier Latin laissés à son choix.

On ne tardera pas à savoir au juste où en était la réalisation des projets de la Peyrade sur la dot de Céleste. Disons, quant à présent, que ces projets, en approchant de leur maturité, avaient reçu un ébruitement inévitable, et comme en cet état ils semblaient donner aussi bien l'exclusion à la candidature de Minard, l'avocat, qu'à celle de Félix, le professeur, les préventions manifestées à une autre époque par Minard père contre le vieux Phellion s'étaient transformées en une disposition non équivoque à une entente cordiale ; il n'y a rien qui relie et qui apprivoise comme le sentiment d'un échec éprouvé en commun.

Jugé sans le mauvais œil de la rivalité paternelle, Phellion devenait pour Minard un Romain de l'intégrité la plus incorruptible, et un homme dont les petits traités avaient été adoptés par l'Université, c'est-à-dire une intelligence saine et éprouvée.

Lors donc que pour M. le maire il avait été question de composer le personnel de la douane dramatique dont il devenait le chef, immédiatement il avait pensé à Phellion ; et pour ce grand citoyen, le jour où une place lui était offerte dans ce tribunal auguste, il lui avait semblé qu'une couronne d'or venait se poser sur son front.

On comprend que ce n'était pas à la légère et sans s'être profondément recueilli, qu'un homme de la solennité de Phellion avait accepté la sainte et haute mission qui venait s'offrir à lui. Il s'était dit qu'il allait exercer une magistrature, un sacerdoce : « Juger des hommes, avait-il répondu à Minard, qui s'étonnait de sa longue hésitation, c'est déjà une tâche effrayante ; mais juger des intelligences, qui peut se croire à la hauteur d'un pareil mandat ? »

Cette fois encore, la famille, cet écueil de toutes les résolutions fortes, avait essayé d'entreprendre sur le domaine de sa conscience, et la considération des loges et entrées dont le futur membre du comité disposerait en faveur des siens avait excité dans son entourage une fermentation si ardente, que la liberté de sa détermination s'en était vue un moment inquiétée. Mais, heureusement, Brutus avait pu se décider dans le sens où le poussait une véritable émeute de toute la tribu phellonienne ; sur l'observation de Barniol, son gendre, et aussi d'après son inspiration personnelle, il s'était persuadé que par ses votes toujours acquis aux œuvres d'une moralité irréprochable, et par son dessein bien arrêté de barrer le chemin à toute pièce où la mère de famille ne pourrait pas conduire sa fille, il était appelé à rendre aux mœurs et à l'ordre public les services les plus signalés. Phellion, pour nous servir de son expression, était donc devenu membre de l'*aréopage* présidé par Minard, et, toujours pour parler comme lui, il *sortait* d'exercer ces fonctions aussi *intéressantes que délicates*, quand eut lieu la conversation que nous allons redire ; nécessaire à l'intelligence des événements ultérieurs de cette histoire, et de plus mettant dans tout son relief l'instinct envieux, qui est l'un des traits les plus saillants du caractère bourgeois, cette conversation avait indispensablement sa place indiquée ici.

La séance du comité avait été extrêmement orageuse. A l'occasion d'une tragédie ayant pour titre : *la Mort d'Hercule*, la nuance classique et la nuance romantique, que M. le maire avait eu soin de balancer dans la composition du comité, s'étaient vues sur le point de se prendre aux cheveux. Par deux fois Phellion avait demandé la parole, et l'on s'était étonné de la quantité de métaphores que peut contenir le discours d'un chef de bataillon de la garde nationale quand ses convictions littéraires sont mises en péril.

A la suite du vote, la victoire restée aux opinions dont Phellion avait été l'éloquent organe, en descendant avec Minard l'escalier du théâtre :

— Nous avons fait, dit-il, aujourd'hui de bonne besogne ! Cette *Mort d'Hercule* m'a tout à fait rappelé *la Mort d'Hector* de feu Luce de Lancival ; l'ouvrage que nous venons de recevoir est émaillé de vers sublimes.

— Oui, dit Minard, c'est versifié avec goût ; il y a de fort belles sentences, et je mets, je vous l'avoue, cette littérature quelque peu au-dessus des anagrammes de messire Colleville.

— Oh ! dit Phellion, les anagrammes de Colleville sont de simples jeux d'esprit qui n'ont rien de commun avec les sévères accents de Melpomène.

— Eh bien ! moi, reprit Minard, je puis vous affirmer qu'il attache une extrême importance à ces bêtises, et à propos de ses anagrammes, comme à propos de beaucoup d'autres choses, M. le musicien s'en fait beaucoup accroire. Du reste, depuis leur émigration dans le quartier de la Madeleine, m'est avis que non-seulement le sieur Colleville, mais sa femme, sa fille, les Thuillier et toute la coterie, ont pris des airs d'importance assez difficiles à justifier.

— Que voulez-vous ! dit Phellion, il faut avoir une tête bien forte pour supporter les étourdissantes fumées de l'opulence ; nos amis sont devenus très-riches par l'acquisition de cet immeuble qu'ils se sont décidés à aller habiter ; on doit leur passer un premier moment d'ivresse ; du reste, le dîner qu'ils nous donnèrent hier pour la plantation de la crémaillière était vraiment aussi bien ordonné que succulent.

— Moi aussi, dit Minard, je puis me flatter d'avoir eu chez moi quelques dîners assez remarquables auxquels des hommes très-haut placés dans le gouvernement ne dédaignaient pas d'assister ; mais je ne me suis pas pour cela enflé outre mesure, et tel on m'avait connu, tel je suis demeuré.

— Vous, M. le maire, vous êtes dès longtemps coutumier de la belle existence que vous vous êtes faite par votre haute capacité commerciale ; au contraire, nos amis, passagers d'hier sur le riant vaisseau de la fortune, n'y ont pas encore, comme on dit, le pied marin.

Et afin de couper court à une conversation où Phellion trouvait que M. le maire devenait bien *caustique*, il eut l'air de vouloir prendre congé de lui ; pour regagner leur domicile respectif, ils ne suivaient pas le même chemin.

— Vous traversez le Luxembourg? demanda Minard ne se laissant pas fausser compagnie.

— Je le traverse, mais je m'y arrête. J'ai donné rendez-vous à madame Phellion à l'extrémité de la grande allée, où elle doit m'attendre avec les petits Barniol.

— Eh bien, dit Minard, j'aurai le plaisir de saluer madame Phellion, et en même temps je prendrai un peu l'air, car on a beau entendre de belles choses, la tête se fatigue au métier que nous venons de faire.

Minard avait bien senti que Phellion ne donnait pas volontiers la réplique à ses aperçus un peu aigres touchant le nouvel établissement des Thuillier. Il n'essaya donc pas de reprendre avec lui ce sujet ; mais, quand il eut madame Phellion pour interlocutrice, bien sûr que ses mauvaisetés trouveraient plus d'écho :

— Eh bien, belle dame! dit-il, le dîner d'hier, que vous en semble?

— Il était fort beau, répondit madame Phellion, et dès le potage à la bisque, je m'aperçus que quelque grand faiseur comme Chevet avait remplacé la cuisinière du cru. Mais cela manquait de gaieté ; ce n'était pas la cordialité de nos petites réunions du quartier Latin. Et puis n'avez-vous pas trouvé comme moi, que ni madame, ni mademoiselle Thuillier, ne paraissaient être les maîtresses de la maison? Moi, j'avais fini par me croire chez madame... comment dites-vous son nom? Je n'ai pas pu encore me le mettre dans la mémoire.

— Torna, comtesse de Godollo, dit Phellion en intervenant. Le nom est pourtant des plus euphoniques.

— Euphonique tant que tu voudras, mon ami, mais moi, ça ne me fait pas l'effet d'un nom.

— C'est un nom magyar, ou, pour parler plus vulgairement, un nom hongrois. Notre nom à nous, si on voulait le chicaner, on pourrait dire qu'il a l'air d'un emprunt fait à la langue grecque.

— C'est possible, mais nous, nous avons l'avantage d'être connus, non-seulement dans notre quartier, mais dans tout le monde enseignant où nous sommes parvenus à conquérir une position honorable, tandis que cette comtesse hongroise, qui fait la pluie et le beau temps dans la maison Thuillier, d'où cela sort-il? Comment, surtout avec ses manières de grande dame, car on ne peut lui refuser cela, elle a l'air très-distingué, cette femme, a-t-elle été s'amouracher de Brigitte qui, entre nous, a gardé le goût du terroir et sent sa fille de concierge à donner des nausées ? Moi ! vois-tu, je crois que cette amie si dévouée est une intrigante, elle flaire là de la fortune et ménage pour plus tard une petite exploitation.

— Ah çà ! dit Minard, vous êtes donc encore à connaître le point de départ de la relation de madame la comtesse de Godollo avec les Thuillier ?

— C'est une de leurs locataires qui occupe au-dessous d'eux l'entre-sol.

— Très-bien, mais il y a quelque chose de plus nuancé. Zélie, ma femme, tient ça de Joséphine, qui, dans le temps, aurait bien voulu entrer à notre service ; la chose ne s'est pas arrangée parce que notre Françoise qui, pour se marier, avait eu l'idée de nous quitter, a fini par changer d'avis. Sachez donc, belle dame, que c'est exclusivement à madame de Godollo que doit être attribuée l'émigration des Thuillier dont elle se trouve avoir été la tapissière.

— Comment, la tapissière! s'écria Phellion, cette femme si comme il faut, dont on dirait volontiers : *Incessu patuit dea*, ce qu'en français nous traduisons assez imparfaitement par l'expression : avoir un port de reine!

— Permettez, dit Minard, je ne prétends pas que directement madame la comtesse de Godollo entreprenne le commerce des meubles; mais à l'époque où mademoiselle Thuillier, par les conseils de la Peyrade, se décida à gérer elle-même la maison de la Madeleine, ce petit monsieur, qui n'a pas sur son esprit absolument toute l'influence qu'il voudrait faire croire, ne parvint pas de même à la décider, sans coup férir, à aller occuper dans son immeuble le somptueux appartement où nous avons été reçus hier. Mademoiselle Brigitte objecta ses habitudes qu'il lui faudrait changer, ses relations qui ne la suivraient pas dans un quartier lointain.

— Il est certain, interrompit madame Phellion, que pour se décider à dépenser une voiture tous les dimanches, il faudrait avoir en perspective d'autres plaisirs que ceux qu'on rencontre dans ce salon : quand on pense qu'excepté le jour de la sauterie pour l'élection au conseil général, jamais on n'a eu l'idée d'y ouvrir le piano !

— Au fait, repartit Minard, il nous eût été bien agréable de voir un talent comme le vôtre mis quelquefois en réquisition, mais ce ne sont pas là des idées qui puissent venir à l'esprit de cette bonne Brigitte. Elle eût vu là deux bougies de plus à allumer. Les pièces de cent sous, voilà sa musique à elle. Aussi, quand la Peyrade et Thuillier insistaient pour qu'elle quittât l'appartement de la rue Saint-Dominique-d'Enfer, se montrait-elle surtout préoccupée des frais auxquels devait l'entraîner ce déménagement. Elle jugeait avec raison que sous des lambris dorés les vieux *panats* de son ancienne demeure auraient fait le plus singulier effet.

— Voilà comme tout s'enchaîne, s'écria Phellion, et comment, du sommet de la société, s'infiltrant dans les classes inférieures, le luxe tôt ou tard amène la ruine des empires.

— Vous tranchez là, mon cher commandant, reprit Minard, une des questions les plus ardues de l'économie politique ; beaucoup de bons esprits pensent au contraire que le luxe est une chose très-demandée pour faire aller le commerce qui est certainement la vie des États. Dans tous les cas, ce point de vue, qui n'est pas le vôtre, paraîtrait être celui de madame Godollo, car on la dit chez elle très-coquettement meublée, et pour entraîner mademoiselle Thuillier dans *sa* même voie d'élégance, voici ce qu'elle lui proposa :

« Une de mes amies, lui dit-elle, une princesse russe, pour laquelle un des premiers tapissiers de Paris vient de confectionner un ameublement superbe, a été subitement rappelée par le czar, un monsieur qui ne plaisante pas. La pauvre femme se voit donc dans la nécessité de faire argent de tout ce qu'elle possède, et pour le quart à peine du prix que lui a coûté ce mobilier, je suis sûre qu'elle en ferait profiter la personne qui voudrait s'en arranger au comptant ; tout est à peu près neuf et il y a même nombre d'objets qui n'ont jamais servi. »

— Alors, s'écria madame Phellion, toute cette magnificence étalée hier au soir sous nos yeux est une magnificence économique et de rencontre ?

— Comme vous dites, madame, repartit Minard, et ce qui a décidé mademoiselle Brigitte à s'arranger de ce splendide hasard, ce n'est pas tant le désir de renouveler son ameublement que la pensée de faire une excellente affaire ; dans cette fille-là, voyez-vous, il y a toujours un peu de *madame la Ressource*, de *l'Avare*.

— Je crois, M. le maire, que vous faites erreur, dit Phellion ; *madame la Ressource* est un personnage de *Turcaret*, pièce très-immorale de feu Lesage.

— Pensez-vous ? dit Minard. C'est possible : mais enfin ce qu'il y a de sûr, c'est que, si l'avocat s'est poussé auprès de Brigitte en lui faisant acheter la maison, c'est par le maquignonnage de l'ameublement que l'étrangère a pris le pied que nous lui voyons : aussi avez-vous remarqué la lutte qui semble se dessiner entre ces deux influences : la mobilière et l'immobilière ?

— Mais oui, dit madame Phellion avec un épanouissement qui témoignait de tout l'intérêt que prenait pour elle la conversation, il m'a semblé que la grande dame se permettait de contredire M. l'avocat, et qu'elle mettait même à cette contradiction une certaine aigreur.

— Oh ! c'est très-marqué, reprit Minard, et l'intrigant s'en aperçoit bien. Aussi m'a-t-il paru fort soucieux de cette hostilité ! Les Thuillier, il en avait eu bon marché, car de vous à moi, ils ne sont pas forts, mais il sent qu'il a trouvé un rude adversaire et cherche avec inquiétude un côté par où l'entamer.

— Ma foi ! dit madame Phellion, c'est justice ; depuis quelque temps ce monsieur, qui autrefois se faisait petit et humble, a pris dans la maison des airs de domination qui n'étaient pas tolérables : il tranchait tout haut du gendre, et, en somme, dans l'affaire de l'élection de Thuillier, il nous avait tous joués en nous faisant servir de marchepied à son ambition matrimoniale.

— Oui, mais, dit Minard, à l'heure qu'il est, je puis vous affirmer que notre homme est en baisse. D'abord, il ne trouvera pas tous les jours à faire acheter à *bon ami*, comme il l'appelle, des immeubles d'un million pour un morceau de pain.

— Ils ont donc eu cette maison pour bien bon marché ? demanda madame Phellion.

— Ils l'ont eue pour rien par suite d'une intrigue ignoble que me contait l'autre jour l'avoué Desroches, et qui pourrait même, si l'affaire était connue du conseil de l'ordre, beaucoup compromettre M. l'avocat. Ensuite nous avons en perspective l'élection de la chambre. L'appétit est venu en mangeant à notre bon Thuillier, mais il s'aperçoit déjà que mons la Peyrade, quand il sera question de lui couper ce morceau, n'aura plus la même commodité pour faire de nous des dupes. C'est pour cela qu'on se retourne du côté de madame de Godollo, laquelle paraît avoir dans le monde politique des relations élevées. D'ailleurs, sans parler de cet intérêt qui est encore lointain, de jour en jour la comtesse de Godollo se rend plus nécessaire à Brigitte, car, il faut bien le dire, sans le concours que lui prête la grande dame, au milieu de son salon doré, la pauvre fille aurait l'air d'un haillon dans la corbeille d'une jeune mariée.

— Oh! M. le maire, vous êtes cruel! dit madame Phellion en minaudant.

— Non, mais voyons, reprit Minard, la main sur la conscience : est-ce Brigitte, est-ce madame Thuillier, qui seraient en état de tenir un salon? C'est la Hongroise qui a présidé à tout l'arrangement de l'appartement ; c'est elle qui a procuré le domestique mâle dont vous avez remarqué la bonne tenue et l'intelligence ; c'est elle qui hier avait dressé le menu du dîner, enfin elle est la providence de la colonie qui, sans son intervention, aurait prêté à rire à tout le quartier. Et, chose d'ailleurs bien particulière, au lieu d'être, comme vous le pensiez d'abord, une parasite dans le genre du Provençal, cette étrangère, qui paraît elle-même avoir une jolie fortune, se montre non-seulement désintéressée, mais généreuse. Ainsi, les deux robes de Brigitte et de madame Thuillier, que vous avez toutes remarquées, mesdames, sont un cadeau qu'elle a voulu faire, et c'est parce qu'elle-même était venue présider à la toilette de nos deux amphitryones, que vous avez été étonnées hier de ne pas les trouver fagotées à leur façon accoutumée.

— Mais dans quel intérêt, dit madame Phellion, cette tutelle si maternelle et si dévouée?

— Ma chère amie, dit solennellement Phellion, les actions humaines n'ont pas toujours,

Dieu merci! pour mobile l'égoïsme et la considération d'un vil intérêt. Il est encore des cœurs qui se plaisent à faire le bien pour lui-même. Cette femme a pu voir dans nos amis des gens prêts à se fourvoyer vers une sphère dont ils n'avaient pas bien mesuré la hauteur, et ayant encouragé leurs premiers pas par l'achat de ce mobilier, comme une nourrice s'attache à son nourrisson, elle aura pris plaisir plus tard à leur prodiguer le lait de ses renseignements et de ses conseils.

— Il a l'air de ne pas y toucher, le cher mari, dit Minard à madame Phellion, mais voyez comme il emporte la pièce!

— Moi, j'emporte la pièce! dit Phellion; ceci n'est ni dans mes intentions, ni dans mes habitudes.

— Il me semble pourtant qu'il est difficile de dire plus nettement que les Thuillier sont des grues, et que madame de Godollo s'est chargée de les élever à la brochette.

— Je n'accepte pas pour nos amis, dit Phellion, cette qualification attentatoire à leur considération. J'ai voulu dire qu'ils manquaient peut-être d'expérience et que la noble dame mettait à leur service sa science du monde et des usages; mais je proteste contre toute interprétation allant au delà de ma pensée ainsi circonscrite.

— Convenez pourtant, mon cher commandant, que dans l'idée de donner Céleste à ce la Peyrade il y a autre chose que du manque d'usage? Il y a à la fois de l'ineptie et de l'immoralité; car, enfin, le galant manége de l'avocat avec madame Colleville...

— M. le maire, interrompit Phellion avec un redoublement de solennité, le législateur Solon n'avait pas voulu punir le parricide qu'il tenait pour un crime impossible. Je crois qu'il en est de même du désordre auquel vous semblez faire allusion. Madame Colleville ayant des bontés pour M. de la Peyrade et pensant à lui donner sa fille : non, monsieur, non, cela passe mon imagination. Interpellée à ce sujet devant un tribunal, comme Marie-Antoinette, madame Colleville répondrait : J'en appelle à toutes les mères!!!

— Cependant, mon ami, permets-moi de te dire que madame Colleville est furieusement légère et qu'elle a fait assez gentiment ses preuves.

— Brisons là, ma chère, dit Phellion.

Aussi bien l'heure du dîner nous appelle, et je trouve que peu à peu nous laissons la conversation dériver vers les marais fangeux de la médisance.

— Vous êtes plein d'illusions, mon cher commandant, dit Minard en donnant la main à Phellion, mais ce sont des illusions respectables et je vous les envie. Madame, j'ai bien l'honneur ! ajouta-t-il en saluant respectueusement madame Phellion. Et chacun prit de son côté.

II

OU EN ÉTAIT LA PEYRADE.

Les informations de M. le maire du onzième arrondissement ne manquaient pas d'exactitude. Dans le salon des Thuillier, depuis qu'ils avaient émigré au quartier de la Madeleine, entre l'âpre Brigitte et la plaintive madame Thuillier, se dessinait, en effet, la figure d'une femme pleine de séduction et de grâce qui communiquait à ce salon une physionomie de l'élégance la plus imprévue.

Il était bien vrai que, par l'entremise de cette

femme devenue sa locataire, Brigitte avait fait une spéculation mobilière non moins heureuse, mais beaucoup plus avouable que l'acquisition du fameux immeuble. Pour six mille francs elle avait été mise en possession d'un ameublement à peine sorti des ateliers du tapissier et qui représentait une valeur d'au moins trente mille francs.

Il était vrai encore, qu'à la suite d'un service qui devait lui aller si profondément au cœur, la vieille fille avait pris pour la belle étrangère beaucoup de cette déférence respectueuse que la bourgeoisie, malgré son ombrageuse rivalité, marchande beaucoup moins qu'on ne se le figure aux titres nobiliaires et aux positions élevées de la hiérarchie sociale. Comme cette comtesse hongroise était une femme de grand tact et de l'éducation la plus distinguée, en prenant chez ses protégés la haute direction dont elle avait jugé convenable de s'emparer, elle s'était bien gardée de donner à son influence l'allure d'une pédagogie tracassière et impérieuse. Au contraire, caressant les prétentions de Brigitte à être une ménagère modèle, pour toutes les dépenses matérielles de sa propre maison, elle avait affecté de prentre les conseils de *miss* Thuillier, le petit nom d'amitié qu'elle se plaisait à lui donner; de telle sorte qu'en se réservant chez elle et chez ses voisins le département des dépenses somptuaires, elle avait bien plutôt l'air de pratiquer une sorte d'enseignement mutuel que d'exercer un protectorat.

Aussi même pour la Peyrade, l'illusion était impossible : devant le crédit de l'étrangère, le sien, évidemment, avait pâli, mais ce n'était pas à une simple lutte d'influence que se bornait l'antagonisme de la comtesse. Franchement déclarée contre sa candidature à la main de Céleste, elle accordait à l'amour de Félix le professeur une protection non équivoque, et Minard, auquel n'avait pas échappé cette tendance, s'était bien donné de garde, au milieu des autres renseignements dont il s'était montré si prodigue, de communiquer cette dernière remarque à ceux qu'elle intéressait.

La Peyrade était d'autant plus malheureux de se sentir ainsi miné par une hostilité dont la cause restait pour lui inexplicable, qu'il avait à se reprocher d'être pour quelque chose dans l'introduction de cette inquiétante adversaire au cœur de la place.

Sa première faute avait été de céder au stérile plaisir de déposséder Cerizet de sa principale location : si, sur ses avis et sur ses instances, Brigitte ne s'était pas mise à l'administration de l'immeuble, il y avait tout à parier qu'elle n'eût pas fait la connaissance de madame de Godollo.

Une autre imprudence avait été de pousser les Thuillier à quitter leur thébaïde du quartier latin.

A cette époque, qui était la pleine fleur de son crédit, Théodose tenait son mariage pour fait, et il avait une hâte presque enfantine de s'élancer vers la sphère élégante qui désormais paraissait ouverte à son avenir. Il était donc venu en aide aux incitations de la Hongroise, et il lui avait semblé qu'il envoyait ainsi les Thuillier en avant pour faire son lit dans le riche appartement qu'il devait un jour occuper avec eux. A cet arrangement il avait vu un autre avantage, celui de soustraire Céleste au contact presque journalier d'un rival qui ne laissait pas de lui paraître dangereux. Privé de la commodité du porte-à-porte, Félix serait forcé d'espacer ses visites, et on aurait plus de facilité pour le ruiner dans le cœur, où il n'était installé que sous la condition de donner les satisfactions religieuses auxquelles il se montrait si réfractaire.

Mais à toutes ces combinaisons du Provençal s'était rencontré plus d'un inconvénient.

Élargir l'horizon des Thuillier, c'était pour la Peyrade courir la chance de créer une concurrence à cette admiration exclusive dont jusque-là il s'était vu l'objet. Dans l'espèce de milieu provincial où ils vivaient, faute de terme de comparaison, Brigitte et *bon ami* devaient le placer à une hauteur dont la juxtaposition d'autres supériorités et d'autres élégances ne pouvait manquer de le faire descendre. Ainsi, à part même les coups qui lui avaient été sourdement portés par madame de Godollo, l'idée de la colonisation ultra-pontaine, au point de vue des Thuillier, était mauvaise, et, au point de vue des Colleville, elle ne valait pas mieux.

Ceux-ci avaient suivi leurs amis dans la maison de la Madeleine, où un entre-sol sur le derrière leur avait été concédé à un prix abordable pour leur budget. Mais Colleville trouvait que l'appartement manquait d'air et de jour, et, obligé tous les jours de se rendre du boulevard de la Madeleine au faubourg Saint-Jacques, où il avait son bureau, il maugréait l'arrangement dont il était victime et trouvait par moment que la Peyrade tournait au tyran. D'autre part, sous le prétexte de se mettre à la hauteur du quartier qu'elle était venue habiter, madame Colleville s'était jetée dans une épouvantable orgie de chapeaux, de mantelets et de robes neuves, qui, nécessitant la présentation d'une foule de crédits extraordinaires, amenaient chaque jour dans le ménage des scènes plus ou moins orageuses. Quant à Céleste, elle avait sans doute moins d'occasions de voir le jeune Phellion, mais elle avait aussi moins de chance d'être entraînée avec lui à des controverses religieuses, et l'absence, qui n'est un danger que pour les attachements médiocres, la faisait penser plus tendrement et moins théologiquement à l'homme de ses rêves.

Tous ces faux calculs de Théodose n'étaient rien, au reste, au prix d'une autre cause d'amoindrissement qui pesait sur sa situation.

Dans un délai de huitaine et moyennant une avance de dix mille francs à laquelle Thuillier s'était résigné de très-bonne grâce, il avait dû voir la croix de la Légion d'honneur venant réaliser la pensée secrète de toute sa vie.

Or, près de deux mois s'étaient passés, et du glorieux hochet pas la moindre nouvelle; et l'ancien sous-chef, qui, sur l'asphalte du boulevard de la Madeleine, dont il était devenu l'un des habitués les plus assidus, aurait eu tant de bonheur à promener son ruban rouge, n'avait toujours que la fleur des champs pour émailler sa boutonnière, privilége de tout le monde, dont il était beaucoup moins fier que *notre* Béranger.

La Peyrade avait bien parlé d'une résistance imprévue et inexplicable par laquelle avaient été paralysés toute la bienveillance et tous les efforts de la comtesse du Bruel; mais Thuillier se payait mal de cette explication, et dans ses jours de désappointement aigu, il ne tenait à rien que, comme Chicaneau des *Plaideurs*, il ne s'écriât : *Eh! rendez donc l'argent!*

Toutefois il n'en venait pas à un éclat, parce que la Peyrade le tenait en respect par la fameuse brochure de *l'Impôt et l'amortissement*. L'achèvement en avait été suspendu par les tracas du déménagement. Durant cette période agitée, Thuillier n'avait pu donner ses soins à la révision des épreuves sur lesquelles on se rappelle qu'il s'était réservé le droit d'un pointilleux examen.

Arrivé à comprendre que pour restaurer son influence, qui allait chaque jour s'évaporant, il fallait frapper un grand coup, ce fut justement cette disposition chipotière que l'avocat crut pouvoir donner comme point de départ à un plan également profond et aventureux, dont il conçut la pensée.

Un jour, comme on en était aux dernières feuilles de la brochure, une discussion s'éleva sur le mot *népotisme*, que Thuillier voulait faire disparaître d'une des phrases écrites par la Peyrade, sous prétexte que jamais il n'avait vu employer ce mot nulle part, et que *c'était du néologisme*, c'est-à-dire, dans les idées littéraires de la bourgeoisie, quelque chose d'équivalent à l'idée de 93 et de la Terreur.

D'ordinaire, la Peyrade prenait assez patiemment les ridicules remarques de *bon ami*, mais ce jour-là il s'émut excessivement, signifia à Thuillier qu'il eût à terminer lui-même le travail auquel il appliquait une critique si lumineuse et si intelligente, et pendant plusieurs jours on ne le revit plus.

Thuillier crut d'abord à un mouvement passager de mauvaise humeur, mais l'absence de la Peyrade se prolongeant, il sentit la nécessité d'une démarche conciliatrice et alla chez le Provençal pour faire amende honorable et mettre fin à cette bouderie. Voulant toutefois donner à cette démarche une allure qui laissât une honnête sortie à son amour-propre :

— Eh bien, mon cher, dit-il en entrant d'un air dégagé, nous avions raison tous les deux : *népotisme* veut dire l'autorité que les neveux des papes prenaient dans les affaires. J'ai cherché dans le dictionnaire, il ne donne pas une autre explication; mais, d'après ce que m'a dit Phellion, il paraîtrait que dans le langage politique on a étendu le sens de ce mot pour dire l'influence que des ministres corrupteurs laissent exercer illégalement à des personnes : je crois donc que nous pouvons conserver l'expression, quoiqu'elle ne soit pas prise de la même manière par Napoléon Landais.

La Peyrade, qui, tout en recevant le visiteur, affectait de paraître très-occupé au classement de ses dossiers, se contenta de hausser les épaules et ne répondit rien.

— Eh bien, reprit Thuillier, as-tu vu les

épreuves des deux dernières feuilles? Car il faut marcher.

— Si tu n'as rien envoyé à l'imprimerie, répondit la Peyrade, nous ne pouvons avoir des épreuves; pour mon compte, je n'ai pas touché au manuscrit.

— Mais, mon cher Théodose, dit Thuillier, il n'est pas possible que pour si peu de chose tu aies pris la mouche. Je ne me pique pas d'écrire; seulement, comme je signe, je puis bien, je crois, avoir mon opinion sur un mot.

— Mais môsieu Phellion, répondit l'avocat, c'est un écrivain, lui; et puisque tu le consultes, je ne vois pas pourquoi tu ne l'engagerais pas à terminer avec toi l'ouvrage auquel, pour mon compte, je me suis bien promis de ne plus coopérer.

— Dieu! quel caractère! s'écria le frère de Brigitte; te voilà furieux, maintenant, parce que j'ai eu l'air d'avoir un doute sur une expression et que j'ai consulté quelqu'un. Mais tu sais bien qu'à Phellion, à Colleville, à Minard et à Barniol, j'ai lu des passages comme si l'ouvrage était de moi, pour voir l'effet qu'il produira dans le public; mais ce n'est pas une raison pour que je veuille mettre sous mon nom ce qu'ils seraient capables d'écrire; veux-tu avoir une idée de la confiance que j'ai en toi? madame la comtesse de Godollo, à laquelle hier soir j'ai fait lecture de quelques pages, me disait que c'était une brochure à m'attirer des désagréments avec le procureur du roi : crois-tu que ça m'ait arrêté?

— Eh bien, dit la Peyrade ironiquement, je crois que l'oracle de la maison voit très-bien les choses, et je n'ai pas envie de te faire porter la tête sur l'échafaud.

— Tout ça, dit Thuillier, c'est des bêtises. As-tu ou non l'intention de me laisser en plan?

— Les questions littéraires, répondit l'avocat, brouillent les meilleurs amis bien mieux encore que les questions politiques; je veux supprimer entre nous cette occasion de débats.

— Mais, mon cher Théodose, jamais je ne me suis posé comme un homme de lettres, je crois avoir du bon gros bon sens et je dis mes idées, tu ne peux pas m'en vouloir pour cela, et certainement, si tu me fais le mauvais tour de refuser ma collaboration, c'est que tu as contre moi quelque autre grief que je ne connais pas.

— Où est le mauvais tour? il n'y a rien de si facile pour toi que de ne pas faire une brochure, tu seras Jérôme Thuillier comme devant.

— Il me semble pourtant que toi-même as jugé que cette publication pourrait favoriser mon élection future ; et puis enfin, je te le répète, j'ai lu des fragments à tous nos amis ; dans le conseil municipal, j'ai annoncé la chose, et si maintenant l'ouvrage ne paraît pas, je suis déshonoré, on dira que le gouvernement m'a acheté.

— Tu n'as qu'à dire que tu es l'ami de Phellion l'incorruptible, cela répondra à tout ; tu pourrais même donner Céleste à son dadais de fils, cette alliance te protégerait encore mieux contre tout soupçon.

— Théodose, dit alors Thuillier, tu as quelque chose que tu ne me dis pas ; il n'est pas naturel que pour une simple querelle de mots tu veuilles perdre ton ami de considération.

— Eh bien ! oui ! dit la Peyrade, ayant l'air de se décider à parler, je n'aime pas l'ingratitude.

— Moi non plus, je ne l'aime pas, dit Thuillier avec animation, et si tu as l'idée de m'accuser d'un procédé aussi bas, aussi vil, je te somme de t'expliquer; il faut à la fin sortir des équivoques : de quoi te plains-tu? que reproches-tu à celui qu'il y a quelques jours encore tu appelais ton ami?

— Rien et tout, dit la Peyrade; ta sœur et toi êtes bien trop habiles pour rompre ouvertement avec un homme qui, au risque de sa réputation, vous a mis un million dans la main; mais je ne suis pas tellement simple que je ne sache démêler les nuances : il y a autour de vous des gens occupés sourdement à me démolir, et Brigitte n'a qu'un souci, celui de trouver une façon honnête de ne pas tenir ses promesses. Des hommes comme moi ne font pas protester de pareils titres, et je n'entends certes pas m'imposer, mais j'avoue que j'étais loin de m'attendre à de pareils procédés.

— Voyons, dit Thuillier avec intérêt, en apercevant dans l'œil de l'avocat le brillant d'une larme dont il fut entièrement la dupe, je ne sais pas, moi, ce que Brigitte a pu te faire, mais une chose certaine, c'est que jamais je n'ai cessé d'être ton ami le plus dévoué.

— Non, dit la Peyrade, depuis l'échec de la croix, je ne suis plus bon, comme on dit, à jeter aux chiens. Est-ce que je puis, moi, lutter contre de certaines forces occultes? Mon Dieu! c'est peut-être cette brochure dont tu as beaucoup trop parlé et dont s'inquiète le gouvernement, qui fait l'obstacle à ta nomination. Ces ministres sont si bêtes, qu'ils aimeront mieux attendre d'avoir la main forcée par l'éclat de la publication que de s'exécuter de bonne grâce en récompensant seulement tes services. Mais ce sont là des mystères de la politique qui ne tombent pas dans l'esprit de ta sœur.

— Que diable! dit Thuillier, je me crois pourtant le coup d'œil assez observateur, et je ne m'aperçois pas que Brigitte soit changée pour toi.

— C'est vrai, dit la Peyrade, tu as la vue si bonne que tu n'aperçois même pas à ses côtés cette madame de Godollo sans laquelle elle ne peut plus vivre.

— Allons donc! dit finement Thuillier, ce serait un petit brin de jalousie que nous éprouverions!

— De la jalousie, repartit la Peyrade, je ne sais pas si c'est là le mot propre, mais enfin ta sœur, qui n'est pas un esprit au-dessus de l'ordinaire et à laquelle je m'étonne qu'un homme de ta supériorité intellectuelle ait laissé prendre l'autorité dont elle use et abuse...

— Que veux-tu, mon cher? interrompit Thuillier en humant le compliment, elle est pour moi d'un dévouement si entier!

— J'admets ces faiblesses, reprit la Peyrade, mais je te répète, ta sœur ne te va pas à la cheville. Eh bien, je dis que quand un homme de la valeur que tu veux bien me reconnaître lui fait l'honneur de la conseiller et de se dévouer à elle comme je l'ai fait, il ne saurait lui être agréable de se voir supplanté dans sa confiance par une femme venue on ne sait d'où, et cela à cause de quelques loques de rideaux et de quelques vieux fauteuils qu'elle lui a fait acheter.

— Pour les femmes, tu le sais bien, répondit Thuillier, les affaires de ménage, cela passe avant tout.

— Crois aussi que Brigitte, qui touche à tout, a aussi la prétention d'avoir la haute main sur les affaires de cœur, et puisque tu es si perspicace, tu aurais dû voir que maintenant, dans l'esprit de Brigitte, rien n'est moins fait que mon mariage avec mademoiselle Colleville; or, pourtant, mon amour a été solennellement autorisé par vous.

— Par exemple! dit Thuillier, je voudrais bien voir que quelqu'un essayât de toucher à nos arrangements !

— Sans parler de Brigitte, répondit l'avocat, je puis te dire quelqu'un qui s'occupe parfaitement de les déranger, et ce quelqu'un, c'est mademoiselle Céleste; malgré l'obstacle que semble mettre entre eux la divergence des sentiments religieux, elle n'en reste pas moins très-naïvement occupée de ce petit Phellion.

— Mais pourquoi ne pas dire à Flavie de mettre ordre à cela?

— Flavie, mon cher, personne mieux que toi ne la sait à fond. Elle est femme avant d'être mère; j'ai été dans la nécessité de lui faire un doigt de cour, et, tu comprends, tout en voulant ce mariage, elle ne le désire pas très-vivement.

— Eh bien, dit Thuillier, je me charge, moi, de parler à Céleste; il ne sera pas dit qu'une petite fille nous fera la loi.

— Justement je ne veux pas, s'écria la Peyrade, que tu t'entremêles dans tout cela; hors de tes relations avec ta sœur tu es une volonté de fer, et je n'entends pas qu'il soit dit que tu as mis d'autorité Céleste dans mes bras ; je prétends au contraire que cette enfant garde la plus entière disposition de son cœur ; seulement je crois pouvoir demander qu'elle se prononce nettement entre moi et monsieur Félix, parce que je ne puis pas rester dans cette situation qui me mine. Ce mariage reporté à l'époque où tu seras nommé député, c'est un rêve : il m'est impossible d'accepter que la plus grande affaire de ma vie soit ainsi laissée à toutes les éventualités de l'avenir ; et puis, dans cette combinaison à laquelle on s'était d'abord arrêté, se sent un parfum de marché qui ne saurait me convenir. Je dois, mon cher, te faire une confidence à laquelle je suis entraîné par tous les désagréments qu'il me faut subir. Dutocq peut te le dire, avant que vous quittassiez l'appartement de la rue Saint-Dominique, en sa présence, une héritière m'a été très-sérieusement offerte, qui aura plus de fortune que vous n'en laisserez à mademoiselle Colleville. J'ai refusé parce que j'ai la sottise d'avoir le cœur pris et parce qu'une alliance avec une famille aussi honorable que la vôtre me paraît des plus désirables ; mais, après tout, il faut que Brigitte se le mette en tête, si Céleste me refuse, je ne suis pas sur le pavé.

— Je le crois facilement, dit Thuillier, mais remettre toute la décision de l'affaire à cette petite tête, si, comme tu le dis, elle a de la propension pour Félix...!

— Ça m'est égal, dit l'avocat, il faut à tout prix que je sorte de cette position, elle n'est plus tenable pour moi ; tu parles de ta brochure, je ne suis pas capable de la finir ; toi qui as été un homme à femmes, tu dois savoir la domination que ces êtres malfaisants prennent sur tout notre être.

— Peuh ! dit Thuillier avec fatuité, on m'a eu, mais je ne me suis pas souvent donné, j'en prenais et j'en laissais.

— Oui, mais moi, avec ma nature méridionale, je me passionne, et puis enfin, Céleste a un autre attrait que toutes tes bonnes fortunes. Élevée par vous, sous vos yeux, vous en avez fait une enfant adorable ; c'est seulement une grande faiblesse d'avoir laissé ce garçon, qui ne lui convient d'aucune manière, s'installer dans sa fantaisie.

— Tu as dix fois raison, mais c'est une amitié d'enfance, Félix et elle ont joué ensemble, et tu n'es venu que beaucoup plus tard ; c'est même une preuve de la grande estime que nous faisons de toi, qu'aussitôt que tu t'es présenté, nous ayons renoncé à d'anciens projets.

— Toi, oui, dit la Peyrade. Avec une tête et des manies littéraires qui, du reste, sont souvent pleines d'esprit et de bon sens, tu as un cœur d'or ; avec toi les relations sont sûres et tu sais ce que tu veux ; mais Brigitte, tu verras, quand tu lui parleras d'avancer le moment du mariage, quelle résistance elle fera à cet arrangement !

— Moi, je crois que Brigitte t'a toujours voulu et te veut encore pour *gendre*, si je puis m'exprimer ainsi ; mais, quand elle ne le voudrait pas, je te prie de croire que, dans les choses importantes, je sais faire triompher ma volonté. Seulement, précisons bien ce que tu désires ; ensuite, nous partirons du pied gauche ; et tu verras que tout ira bien.

— Je veux, dit la Peyrade, mettre la dernière main à ta brochure, car, avant toute chose, je m'occupe de toi.

— Certainement, dit Thuillier, il ne s'agit pas d'échouer au port.

— Eh bien, pars de cette idée que je suis annihilé, abruti par la perspective de ce mariage qui reste en l'air, et vois-tu, tu ne tireras pas de moi une page que, d'une façon ou de l'autre, la question ne soit résolue.

— Enfin, dit Thuillier, comment la poses-tu, la question?

— Naturellement, si l'arrêt de Céleste doit tourner contre moi, je dois désirer une solution très-prochaine. Si je suis condamné à faire un mariage de raison, au moins ne faut-il pas manquer l'occasion dont je t'ai parlé.

— Soit, mais quel délai entends-tu nous donner?

— Il me semble qu'en quinze jours une fille peut savoir ce qu'elle veut.

— Sans aucun doute, dit Thuillier, mais je répugne à laisser Céleste prononcer sans appel.

— Moi, j'accepte la chance; je sortirai de l'incertitude, ce qui est pour moi le premier point, et puis, entre nous, je ne suis pas si aventureux que j'en ai l'air; ce n'est pas en quinze jours qu'un fils de Phellion, c'est-à-dire l'entêtement incarné dans la sottise, en aura fini avec ses hésitations philosophiques, et certainement Céleste ne l'acceptera pas pour mari qu'il n'ait donné des gages de sa conversion.

— Ça, c'est probable. Mais, si Céleste allait traînasser, si elle ne voulait pas accepter l'alternative?

— Ceci vous regarde, dit le Provençal. Je ne sais pas comment à Paris vous entendez la famille ; mais je sais que dans notre comtat d'Avignon il est sans exemple qu'on ait jamais fait à une petite fille une liberté pareille. Si toi, ta sœur, en supposant qu'elle joue franc jeu, et un père et une mère, vous ne parvenez pas à faire vouloir à une enfant que vous dotez quelque chose d'aussi simple et d'aussi raisonnable que de choisir en toute liberté entre deux prétendants, alors serviteur, il faut tout bonnement écrire sur la porte de la maison que Céleste est reine et souveraine.

— Nous ne sommes pas tout à fait là, dit Thuillier d'un air capable.

— Quant à toi, mon vieux, repartit la Peyrade, je t'ajourne, après la décision de Céteste ; heureux ou malheureux, je me mettrai à l'œuvre et en trois jours tout sera prêt.

— Enfin, reprit Thuillier, on sait ce que tu

as dans l'âme ; je vais en causer avec Brigitte.

— C'est assez triste, ta conclusion, dit la Peyrade, mais malheureusement c'est comme ça.

— Comment ! que veux-tu dire?

— J'aimerais mieux, tu l'imagines, t'entendre me répondre que la chose est faite; mais les vieux plis ne s'effacent pas.

— Ah çà ! tu crois donc que je suis un homme sans volonté, sans initiative?

— Non ! mais je voudrais bien être dans un petit coin pour voir comment tu aborderas la question avec ta sœur.

— Parbleu ! je l'aborderai franchement, et un *je veux* bien sec sera au bout de toutes les objections.

— Ah ! mon pauvre garçon, dit la Peyrade en lui frappant sur l'épaule, depuis Chrysale des *Femmes savantes*, qu'on en a vu de ces foudres de guerre qui baissent pavillon devant des volontés féminines habituées à les dominer !

— C'est ce que nous verrons ! dit Thuillier en faisant une sortie théâtrale.

L'ardeur de voir paraître sa brochure et l'habile doute jeté sur l'inflexibilité de sa volonté en avaient fait un furieux, un tigre; il sortait dans une disposition, si on lui résistait, à tout mettre dans sa maison à feu et à sang.

III

PARIS VAUT BIEN UNE MESSE.

De retour chez lui, Thuillier posa aussitôt la question à Brigitte. Celle-ci, avec sa crudité de bon sens et d'égoïsme, fit remarquer qu'en devançant ainsi l'époque précédemment fixée pour le mariage de la Peyrade, on faisait la faute de se désarmer; on ne serait plus sûr, le moment de l'élection arrivé, que l'avocat mît tout son zèle à en préparer le succès; ce serait, dit la vieille fille, comme pour la croix.

— Il y a une différence, répondit Thuillier,

la croix ne dépend pas directement de la Peyrade, tandis que l'influence qu'il a su se donner dans le douzième arrondissement, il en disposera à sa volonté.

— Et si sa volonté, repartit Brigitte, était, quand nous l'aurons remplumé, de travailler pour son compte, un ambitieux comme lui!

Ce danger ne laissa pas de frapper le futur candidat, qui cependant crut trouver quelques garanties dans la moralité de la Peyrade.

— On n'est pas un homme délicat, repartit Brigitte, quand on met aux gens le marché à la main, et cette manière de nous faire danser comme des griffons devant un morceau de sucre pour avoir la fin de *ta* brochure ne me plaît pas du tout. Est-ce qu'en te faisant aider par Phellion tu ne pourrais pas te passer de lui? Ou bien, j'y pense, madame de Godollo, qui connaît tant de monde dans la politique, te trouverait peut-être un journaliste; on dit que c'est tous des bas percés, pour une vingtaine d'écus on en verrait la farce.

— Et le secret, répondit Thuillier, serait entre les mains de deux ou trois personnes? Non! j'ai absolument besoin de la Peyrade; il le sent, et nous fait ses conditions. Mais, en résumé, nous lui avions promis Céleste, et ce n'est qu'une avance d'un an tout au plus; que dis-je? une avance de quelques mois, de quelques semaines peut-être ; le roi vous casse une chambre au moment où personne ne s'y attend.

— Mais, si Céleste ne voulait pas de lui? objecta Brigitte.

— Céleste, Céleste! répondit Thuillier, il faudra bien qu'elle fasse ce que l'on voudra. D'ailleurs on devait penser à cela quand on a pris l'engagement avec la Peyrade, car enfin il y a une parole donnée; d'ailleurs, puisqu'on permet à cette petite fille de choisir entre lui et Phellion !

— De manière, répondit la sceptique mademoiselle Thuillier, que si Céleste se prononçait en faveur de Félix, tu croirais, toi, encore au dévouement de la Peyrade?

— Que veux-tu que j'y fasse? Ce sont là ses conditions. D'ailleurs le compère a tout calculé, il sait bien que jamais Félix ne se décidera à apporter à Céleste un billet de confession, et que sans cela la petite masque ne l'acceptera jamais pour mari. Le jeu de la Peyrade est donc très-habile.

— Trop habile, dit Brigitte; du reste, arrange ça comme tu voudras, moi, je ne m'en mêle pas, toutes ces finasseries-là ne sont pas de mon goût.

Thuillier vit madame Colleville et lui intima d'avoir à prévenir Céleste des projets que l'on avait sur elle.

Céleste n'avait jamais été autorisée officiellement dans ses sentiments pour Félix Phellion. Flavie au contraire, à une autre époque, lui avait expressément défendu de donner au jeune professeur aucune espérance, mais comme du côté de madame Thuillier, sa marraine, qui seule recevait ses confidences, elle se sentait assez soutenue dans son inclination, elle se laissait aller doucement à sa pente, sans beaucoup se préoccuper des obstacles que pouvait un jour rencontrer son choix. Lors donc qu'il lui fut ordonné d'avoir à se décider entre Félix et la Peyrade, la naïve enfant fut uniquement frappée d'un des deux termes de l'alternative et elle se figura qu'elle faisait un bénéfice notable par cet arrangement qui la rendait maîtresse de disposer de sa personne ainsi que son cœur le lui disait.

Mais la Peyrade ne s'était pas trompé dans

son calcul, quand il avait compté que, d'une part, l'intolérance religieuse de la jeune fille, d'autre part, l'inflexibilité philosophique de Phellion fils, créeraient à leur rapprochement un obstacle invincible.

Le soir même du jour où Flavie avait été chargée de communiquer à Céleste les volontés souveraines de Thuillier, les Phellion vinrent passer la soirée chez Brigitte, et un engagement très-vif eut lieu entre les deux jeunes gens. Mademoiselle Colleville n'aurait pas eu besoin que sa mère lui insinuât qu'il serait souverainement inconvenant de faire intervenir comme argument dans sa controverse avec Félix l'approbation conditionnelle donnée à leurs sentiments. Céleste avait à la fois trop de délicatesse et trop d'ardeur religieuse pour vouloir obtenir la conversion de celui qu'elle aimait d'autre chose que de sa conviction. Leur soirée se passa donc tout entière en débats théologiques, et l'amour est un si étrange protée, et il peut prendre tant de formes imprévues, que, habillé ce jour-là en robe noire et en bonnet carré, il n'avait pas du tout la mauvaise grâce que l'on pourrait imaginer. Mais Phellion fils fut, dans cette rencontre dont il ignorait la solennité, du dernier des malencontreux. Outre qu'il ne concéda rien, il prit des airs de discussion légers et ironiques et finit par si bien mettre la pauvre Céleste hors d'elle-même, qu'elle lui signifia une rupture définitive et lui défendit de reparaître devant elle.

C'était bien le cas pour un amoureux plus expérimenté que le jeune savant de revoir Céleste le lendemain même, car on n'est jamais plus près de s'entendre dans les choses de cœur qu'au moment où l'on vient de se déclarer la nécessité d'une séparation éternelle.

Mais cette loi n'est pas une règle de logarithme, et Félix Phellion, incapable de la deviner, se crut très-sérieusement et très-positivement proscrit; de telle sorte que pendant les quinze jours donnés à la jeune fille pour délibérer, comme dit le Code en matière de succession bénéficiaire, attendu jour à jour et minute à minute par Céleste qui, du reste, ne pensait pas plus à la Peyrade que s'il eût été tout à fait étranger dans la question, le déplorable garçon n'eut pas même l'idée la plus lointaine de rompre son ban.

Heureusement pour ce stupide amoureux

veillait une fée bienfaisante, et la veille du jour où Céleste allait avoir à déclarer son choix, voici ce qui se passa :

C'était un dimanche, le jour que les Thuillier continuaient d'affecter à leurs réceptions périodiques.

Convaincue que le coulage, dit vulgairement *danse du panier*, est la ruine des fortunes les mieux établies, madame Phellion était dans l'usage d'aller de sa personne faire les achats chez ses fournisseurs. De temps immémorial, dans la maison Phellion, le dimanche était jour de pot-au-feu; et la femme du grand citoyen, dans ce costume à dessein négligé dont s'affublent les ménagères quand elles vont aux provisions, revenait tout prosaïquement de la boucherie, suivie de sa cuisinière, qui portait dans son panier un magnifique morceau de gîte à la noix. Déjà deux fois elle avait sonné à sa porte, et un terrible orage s'amassait sur la tête du petit domestique qui, par sa lenteur à venir ouvrir, faisait à sa maîtresse une situation beaucoup moins tolérable que celle de Louis XIV, lequel avait seulement failli attendre. Dans sa fiévreuse impatience, madame Phellion venait de donner à la sonnette une troisième et terrible impulsion. Qu'on juge de sa confusion et de son émoi quand, à ce moment, d'un petit coupé venu avec fracas s'abattre à la porte de sa maison, elle voit descendre une femme, et quand, dans cette visiteuse si intempestive et si matinale, elle reconnaît l'élégante comtesse Tornas de Godollo !

Devenue rouge pourpre, l'infortunée bourgeoise perdit la tête, et, noyée dans ses excuses, elle allait par quelque gaucherie suprême compliquer sa position, déjà si fausse ; heureusement, attiré par le bruit incessant de la sonnette, Phellion, vêtu d'une robe de chambre et coiffé d'une calotte grecque, était sorti de son cabinet pour voir ce qui se passait. Après une phrase qui, par sa pompeuse allure, compensait largement le négligé du costume qu'elle était destinée à excuser, le grand citoyen, avec cette sérénité qui ne l'abandonnait jamais, offrit galamment la main à l'étrangère, et après l'avoir installée au salon :

— Peut-on, sans indiscrétion, dit-il, demander à madame la comtesse ce qui nous procure l'avantage inespéré de sa visite.

— J'ai désiré, repartit la Hongroise, causer avec madame Phellion d'un intérêt qui doit vivement la préoccuper. Je n'ai pas l'occasion de la voir sans témoins ; alors, quoique à peine connue d'elle, je me suis permis de venir la relancer jusqu'ici.

— Comment donc! madame, c'est un honneur insigne pour notre pauvre demeure. Mais que devient donc madame Phellion? ajouta avec impatience le digne homme en se dirigeant vers la porte.

— Non, je vous en conjure, dit la comtesse, veuillez ne pas la déranger. Je suis venue maladroitement me jeter au milieu de ses soins de maison. Brigitte commence à très-bien faire mon éducation, et je sais le respect qu'on doit avoir pour les soucis d'une ménagère. D'ailleurs, je ne suis pas fort à plaindre, j'ai le dédommagement de votre présence sur laquelle je n'avais pas compté.

Avant que Phellion eût pu répondre à cette parole obligeante, madame Phellion parut : un bonnet à rubans avait remplacé le chapeau de marché et un vaste châle dérobait les autres insuffisances de la toilette matinale. En voyant entrer sa femme, le grand citoyen voulut discrètement se retirer.

— M. Phellion, dit la comtesse, vous n'êtes

pas de trop pour la conférence que j'ai désirée avec madame : au contraire, votre judiciaire excellente ne peut que très-utilement servir à éclairer une question où vous n'êtes pas moins intéressé que votre digne compagne; il s'agit du mariage de monsieur votre fils.

— Le mariage de mon fils! dit madame Phellion d'un air d'étonnement; mais je ne sache pas que rien de pareil soit en ce moment sur le tapis.

— Le mariage de M. Félix avec Céleste, reprit la comtesse, est, je pense, un de vos désirs, sinon un de vos projets?

— Nous n'avons fait, madame, dit Phellion, aucune espèce de démarche extérieure pour cet objet.

— Je ne le sais que trop, repartit la Hongroise, puisque au contraire chacun dans votre famille semble s'étudier à contrecarrer mes efforts; mais enfin ce qui est clair, malgré toute la réserve et, je trancherai le mot, malgré toute la maladresse apportée au maniement de cette affaire, c'est que les deux jeunes gens s'aiment, c'est qu'ils se trouveront tous deux fort à plaindre s'ils ne sont l'un à l'autre; et parer à ce désastre, tel est le but de la démarche à laquelle je me suis décidée ce matin.

— Nous ne pouvons, madame, dit Phellion, qu'être profondément touchés de l'intérêt que vous voulez bien montrer pour le bonheur de notre enfant ; mais en vérité cet intérêt…

— A quelque chose de si inexplicable, interrompit vivement la comtesse, qu'il vous met un peu en défiance.

— Oh ! madame ! dit Phellion en s'inclinant d'un air de respectueuse dénégation.

— Mon Dieu ! continua la Hongroise, l'explication de mon procédé est très-simple. J'ai étudié Céleste, et dans cette chère naïve enfant j'ai démêlé une valeur morale qui me ferait vivement regretter de la voir sacrifiée.

— Il est certain, dit madame Phellion, que Céleste est un ange de douceur.

— Quant à M. Félix, j'ose m'y intéresser, d'abord parce qu'il est pour moi le digne fils du plus vertueux des pères…

— Madame, de grâce ! dit Phellion en saluant derechef.

— Mais il se recommande aussi pour moi par cette gaucherie de l'amour vrai, qui éclate dans toutes ses actions et dans toutes ses paroles. Nous autres femmes nous trouvons un charme inexprimable à voir la passion sous une forme qui ne nous menace ni de déceptions ni de mécomptes.

— Mon fils, en effet, n'est pas brillant, dit madame Phellion avec une pointe d'aigreur à peine saisissable. Ce n'est pas un jeune homme à la mode.

— Mais il a les qualités les plus essentielles, reprit la comtesse, et un mérite qui s'ignore lui-même, ce qui est la dernière consécration de la supériorité intellectuelle.

— En vérité, madame, dit Phellion, vous nous forcez d'entendre des chôoses !.....

— Qui ne sont pas au delà de la vérité, interrompit la comtesse. Une autre raison qui me porte encore à me passionner pour le bonheur de ces jeunes gens, c'est que je ne me passionne d'aucune façon pour celui de M. de la Peyrade, qui est faux et avide. Sur la ruine de leurs espérances, cet homme cherche à bâtir tout le succès de sa captation.

— Il est certain, dit Phellion, que M. de la Peyrade a des profondeurs ténébreuses où pénètre difficilement la lumière.

— Et comme j'ai eu le malheur d'avoir pour mari, continua madame de Godollo, un homme de ce caractère, la pensée seule des tourments auxquels Céleste serait réservée par une association aussi fatale m'a donné pour le salut de son avenir l'élan de charité qui peut-être, maintenant, cesse de vous surprendre.

— Nous n'avions pas besoin, madame, dit Phellion, des explications si concluantes dont vous venez d'illuminer votre conduite, mais les fautes par lesquelles nous aurions contrarié vos généreux efforts, j'avoue que pour éviter de les commettre encore, il ne me paraîtrait peut-être pas inutile de nous les faire toucher au doigt.

— Combien y a-t-il de temps, demanda la comtesse, qu'aucune personne de votre famille n'a paru dans la maison Thuillier?

— Mais, si j'ai bonne mémoire, dit Phellion, nous y *fûmes* le dimanche qui suivit le dîner pour la plantation de la crémaillère.

— Ainsi, quinze jours d'absence bien comptés, dit la Hongroise; et vous croyez qu'en quinze jours rien n'arrive?

— Si vraiment, puisque trois glorieuses journées nous ont suffi, en 1830, pour renverser une dynastie parjure et fonder l'ordre de choses qui nous régit.

— Vous voyez bien ! dit la comtesse. Et, dans cette soirée, il ne se passa rien entre Céleste et monsieur votre fils ?

— Si vraiment, répondit Phellion, une explication fort désagréable au sujet des opinions religieuses de Félix ; car, il faut bien le dire, cette bonne Céleste, qui en toute autre chose est un charmant caractère, sur le chapitre de la dévotion se montre quelque peu fanatique.

— J'accorde cela, dit la comtesse, mais elle a été élevée par la mère que vous savez et on ne lui a pas montré la figure de la piété sincère, on lui en a montré la grimace ; les Madeleines repenties de l'espèce de madame Colleville veulent toujours avoir l'air de se retirer au désert, en société d'une tête de mort. Elles ne croient pas qu'on puisse faire son salut à meilleur marché. Après tout cependant, qu'avait demandé Céleste à M. Félix ? De lire l'*Imitation de Jésus-Christ*.

— Il l'a lue, madame, repartit Phellion, il a trouvé que c'était un livre fort bien écrit, mais ses convictions, c'est un malheur, n'ont pas même été entamées par cette lecture.

— Et vous trouvez habile de n'avoir pas su

faire à sa maîtresse une pauvre petite remise sur l'inflexibilité de ces convictions?

— Mon fils, madame, n'a jamais reçu de moi la moindre leçon d'habileté; la loyauté et la droiture, voilà les principes que j'ai essayé de lui inculquer.

— Il me semble, monsieur, qu'on ne manque pas à la loyauté, quand avec un esprit malade on prend quelque biais et qu'on évite de le heurter : mais enfin, mettons que M. Félix se devait à lui-même d'être cette barre de fer contre laquelle sont venues se briser toutes les supplications de Céleste. Était-ce une raison, quand après cette scène, qui n'était pas la première du même genre, et qui avait eu un caractère de rupture, il avait l'occasion de se rencontrer avec elle dans le salon de Brigitte, terrain tout à fait neutre, pour se tenir quinze jours durant sous sa tente? Devait-il surtout couronner cette bouderie par un procédé qui me passe, et qui, connu de nous il y a un moment, a porté dans le cœur de Céleste à la fois le désespoir et le sentiment le plus vif d'irritation?

— Mon fils capable d'un procédé pareil! c'est impossible, madame! s'écria Phellion. Ce rocédé, je ne le connais pas ; mais je n'hésite point à déclarer que vous êtes généralement nal informée.

— Rien cependant n'est plus réel. Le jeune Colleville, dont c'est aujourd'hui le jour de ortie, vient de nous dire que, depuis plus l'une semaine, monsieur Félix, qui précédemnent venait avec la dernière exactitude lui lonner des répétitions de deux jours l'un, a cessé complétement de s'occuper de lui. A noins que monsieur votre fils ne soit soufrant, je n'hésite pas à dire que cette absence est le comble de la maladresse. Dans la situaion où il était avec la sœur, c'étaient deux répétitions par jour qu'il fallait donner au frère, u lieu de choisir ce moment pour lui supprimer ses soins.

Les Phellion mari et femme se regardèrent comme s'ils se fussent consultés pour répondre.

— Mon fils, madame, dit madame Phellion, n'est pas précisément malade, mais, puisque vous nous mettez sur la voie en nous révélant un fait, j'en conviens, fort étrange et qui est à nille lieues de ses habitudes et de son caracère, je dois vous avouer que depuis le jour où

Céleste a eu l'air de lui signifier que tout était fini entre eux, il se passe dans Félix quelque chose d'extraordinaire; M. Phellion et moi en sommes vivement inquiétés.

— Oui, madame, dit Phellion, ce jeune homme n'est certainement pas dans son assiette.

— Mais qu'y a-t-il? demanda la comtesse avec intérêt.

— Il y a, dit Phellion, que le soir de la scène, mon fils, de retour ici, versa dans le sein de sa mère des larmes brûlantes en nous donnant à connaître que dans son opinion c'en était fait du bonheur de sa vie.

— Jusque-là, dit madame de Godollo, il n'y a rien que d'assez naturel, les amants voient toujours les choses au pis.

— Sans doute, dit madame Phellion, mais que depuis ce moment Félix n'ait plus fait la plus petite allusion à son malheur, que dès le lendemain il se soit remis à ses travaux avec une sorte de frénésie, cela vous semble-t-il naturel aussi?

— Cela pourrait encore s'expliquer: l'étude passe pour une grande consolatrice.

— Rien n'est plus vrai, dit Phellion; mais

dans toute l'habitude extérieure de Félix il y a quelque chose d'exalté et en même une concentration que vous auriez peine à vous représenter. On parle à ce jeune homme et il n'a pas l'air de vous entendre, il se met à table et oublie de manger, ou ne prend ses aliments qu'avec une distraction que la médecine considère comme très-fâcheuse pour le travail de la digestion ; ses devoirs, ses occupations courantes, lui, ordinairement si régulier, il faut les lui rappeler ; enfin l'autre jour, pendant qu'il était à l'Observatoire, où il va passer maintenant toutes ses soirées pour n'en revenir qu'à des heures indues, je pris sur moi de pénétrer dans sa chambre et d'examiner ses papiers : je fus épouvanté, madame, en voyant un cahier couvert de calculs algébriques qui par leur étendue me parurent dépasser les forces d'une intelligence humaine.

— Peut-être, dit la comtesse, est-il sur la voie de quelque grand problème.

— Ou sur le chemin de la folie, dit madame Phellion en poussant un soupir et en baissant la voix.

— Cela n'est guère probable, dit madame de Godollo : avec une organisation aussi calme et un sens aussi droit on n'est pas exposé à un pareil malheur. J'en sais, moi, un plus menaçant d'ici à demain, si nous ne portons un grand coup ce soir : Céleste peut être définitivement perdue pour lui !

— Comment cela ? dirent en même temps les époux Phellion.

— Peut-être ignorez-vous, reprit la comtesse, que des engagements exprès avaient été pris par Thuillier et par sa sœur au sujet d'un mariage à faire entre Céleste et M. de la Peyrade.

— Nous nous en doutions au moins, répondit madame Phellion.

— Seulement l'exécution de ces engagements était reportée à une époque assez lointaine et subordonnée à de certaines conditions. M. de la Peyrade, après avoir procuré l'acquisition de la maison de la Madeleine, devait faire obtenir la croix à M. Thuillier, composer pour lui une brochure politique, et enfin le conduire à occuper un siége à la chambre des députés. C'était comme dans les romans de chevalerie, où le héros, avant d'obtenir la main de la princesse, était condamné à exterminer quelque dragon.

— Madame a bien de l'esprit ! dit madame Phellion à son mari, qui lui fit signe de ne pas interrompre.

— Je n'ai pas le loisir, reprit la comtesse, et il serait d'ailleurs assez inutile de vous dire au long les habiletés par lesquelles M. de la Peyrade est arrivé à précipiter le dénoûment ; mais ce qu'il importe de vous faire savoir, c'est que, grâce à ses duplicités, Céleste a été mise en demeure de choisir entre lui et M. Félix ; c'est que quinze jours avaient été donnés à la pauvre enfant pour réfléchir et se décider ; c'est que demain expire le délai fatal, et qu'enfin, grâce à la malheureuse disposition où l'a jetée l'attitude de M. votre fils, il existe un danger très-sérieux de la voir sacrifier aux mauvais conseils de son dépit amoureux la vérité de ses sentiments et de ses instincts.

— Mais à cela que faire, madame? demanda Phellion.

— Lutter, monsieur, venir ce soir en force chez les Thuillier, décider M. Félix à vous accompagner ; le sermonner pour qu'il assouplisse un peu la roideur de ses opinions philosophiques. Paris, disait Henri IV, vaut bien une messe ; mais, d'ailleurs, qu'il esquive ces questions ; que dans son cœur il trouve des accents capables d'émouvoir une femme dont il est aimé ; pour avoir raison auprès d'elle, c'est une si grande avance ! Je serai là, je l'aiderai de toutes mes forces, et peut-être sous l'inspiration du moment m'aviserai-je de quelque moyen pour rendre mon assistance efficace. Ce qu'il y a de sûr, c'est que nous livrons ce soir une grande bataille, et que, si chacun ne fait pas valeureusement son devoir, la victoire peut rester à ce la Peyrade.

— Mon fils n'est pas ici, madame, répondit Phellion, et je le regrette, car peut-être votre dévouement et vos chaleureuses paroles seraient-ils parvenus à secouer sa torpeur ; mais enfin je vais mettre sous ses yeux toute la gravité de la situation, et très-certainement ce soir il nous accompagnera chez nos amis les Thuillier.

— Inutile de vous dire, ajouta la comtesse en se levant, que nous devons soigneusement éviter tout ce qui pourrait donner l'idée d'une connivence ; nous n'aurons pas de colloque et, à moins que le rapprochement ne se fasse d'une façon tout à fait naturelle, il vaudra mieux ne pas nous parler.

— Comptez, madame, sur ma prudence, répondit Phellion, et veuillez en même temps agréer l'assurance...

— De vos sentiments les plus distingués, interrompit en riant la comtesse.

— Non, madame, répondit gravement Phellion, je réserve cette formule pour la fin de mes lettres, mais veuillez croire à la gratitude la plus chaleureuse et la plus inaltérable.

— Nous parlerons de cela quand nous serons hors de danger, dit madame de Godollo se dirigeant vers la porte, et si madame Phellion, la plus tendre et la plus vertueuse des mères et des épouses, veut bien me donner une petite place dans son amitié, je me trouverai trop payée de ma peine.

Madame Phellion se lança dans un compliment à perte de vue. Reconduite jusqu'à sa voiture, la comtesse était déjà loin que Phellion la poursuivait encore de ses salutations les plus respectueuses.

IV

BON SANG NE PEUT MENTIR.

A mesure que dans le salon de Brigitte l'élément quartier latin se faisait moins assidu et devenait plus rare, le Paris plus vivant s'y infiltrait. Parmi ses collègues du conseil général et parmi les hauts employés de la préfecture de la Seine, le conseiller municipal avait opéré d'importantes recrues; le maire et les adjoints de l'arrondissement auxquels, en arrivant dans le quartier, Thuillier avait été faire visite, s'étaient empressés de répondre à cette politesse, et il en avait été de même de quelques-uns des officiers supérieurs de la première légion. La maison même avait apporté son contingent, et quelques locataires fraîchement emménagés contribuaient par leur présence à renouveler l'aspect des réunions dominicales. Dans ce nombre il faut citer Rabourdin [1], l'ancien chef de bureau de Thuillier au ministère des finances. Ayant eu le malheur de perdre sa femme dont le salon, à une autre époque, avait fait échec à celui de madame Colleville, Rabourdin occupait, en garçon, le troisième au-dessus de l'appartement loué à Cardot, le notaire honoraire. A la suite d'un odieux passe-droit, il avait volontairement quitté les fonctions publiques. Au moment où il fut retrouvé par Thuillier, il était directeur d'un de ces nombreux chemins de fer en projet, dont l'exécution était toujours ajournée par les hésitations et par les rivalités parlementaires. Disons, en passant, que la rencontre de cet habile administrateur, devenu un homme important dans le monde financier, fut pour le digne et honnête Phellion une occasion de développer une

[1] Voir *les Employés.*

fois de plus son grand caractère. Lors de la démission à laquelle Rabourdin s'était vu acculé, seul des employés de son bureau, Phellion avait été le courtisan de son malheur. En mesure de disposer d'un grand nombre de places, Rabourdin, quand il retrouva son *fidèle*, s'empressa de lui offrir une position à la fois douce et lucrative.

— Môsieur, lui répondit Phellion, votre bienveillance me touche et m'honore, mais ma franchise vous doit un aveu que je vous prie de ne pas prendre en mauvaise part : je ne crois pas aux chemins de fer ou *railways*, comme les appellent les Anglais.

— C'est une opinion comme une autre, dit Rabourdin en souriant, mais provisoirement nous rétribuons très-convenablement nos employés et je serais heureux de vous avoir auprès de moi en cette qualité. Je sais d'expérience que vous êtes un homme sur lequel on peut compter.

— Môsieur, repartit le grand citoyen, je fis alors mon devoir et rien de plus ; quant à l'offre que vous voulez bien m'adresser, je ne saurais l'accueillir ; satisfait de mon humble fortune, je n'éprouve ni le besoin ni le désir de rentrer dans la carrière administrative, et c'est le cas de dire avec le poëte latin :

Claudite jam rivos, pueri, sat prata biberunt.

Ainsi relevé du côté du personnel, le salon des Thuillier avait besoin d'un autre élément de vie, et, pour parler comme Madelon des *Précieuses ridicules*, ce *jeûne affreux de divertissements*, signalé par madame Phellion dans sa conversation avec Minard, avait besoin d'être conjuré. Grâce aux soins de madame de Godollo, la grande ordonnatrice, qui mit heureusement à profit les anciennes relations de Colleville dans le monde musical, quelques artistes vinrent faire diversion à la bouillotte et au boston. Démodés et vieillis, ces deux jeux ne tardèrent pas à faire retraite devant le whist, la seule manière, avait dit la Hongroise, dont entre honnêtes gens on puisse tuer le temps.

Comme Louis XVI commençait par mettre lui-même la main aux réformes sous lesquelles devait plus tard s'abîmer son trône, Brigitte avait d'abord encouragé toute cette révolution d'intérieur, et le besoin de tenir convenablement son rang dans le quartier qu'elle s'était décidée à venir habiter l'avait rendue docile à toutes les suggestions de confort et d'élégance. Mais le jour où se passe la scène à laquelle nous allons assister, un détail en apparence assez indifférent était venu lui révéler tout le danger de la pente sur laquelle elle était placée. Parmi les nouveaux hôtes amenés par Thuillier, la plupart ignoraient la haute suprématie de sa sœur dans la maison; en arrivant donc ils demandaient à Thuillier de les présenter à *Madame*, et naturellement Thuillier ne pouvait leur dire que sa femme était une reine fainéante qui gémissait sous la main de fer d'une Richelieu de laquelle relevait toute l'autorité. Ce n'était donc qu'après le premier hommage rendu à la souveraine de droit que les nouveaux venus étaient conduits à Brigitte, et, par la roideur que l'impatience de ce déplacement de pouvoir donnait à son accueil, ils n'étaient que médiocrement encouragés à se mettre ultérieurement en grands frais pour elle.

S'apercevant de cette espèce de déchéance, — Si je n'y prends garde, se dit la reine Élisabeth avec ce profond instinct de domination qui était la plus ardente de ses passions, je ne serai plus rien ici. Et en creusant cette idée, elle en vint à penser que dans le projet d'un ménage commun avec la Peyrade, devenu le mari de Céleste, la situation dont elle commençait à s'inquiéter ne pourrait que se compliquer. Dès lors, et par une subite intuition, Félix Phellion, bon jeune homme, trop occupé de ses mathématiques pour devenir jamais à sa souveraineté un rival redoutable, lui parut un parti beaucoup plus convenable que l'entreprenant avocat, et elle fut la première, quand elle vit arriver les époux Phellion, à s'inquiéter de l'absence de leur fils : malgré la démarche de madame de Godollo, cet amoureux terrible mettait en action le dernier vers de la fameuse élégie de Millevoye :

Et son amante ne vint pas.

Comme on peut bien se l'imaginer, Brigitte ne fut pas seule à s'apercevoir de la rigueur que le malencontreux jeune homme paraissait garder à ses jours de réception : madame Thuillier en toute naïveté, Céleste avec une réserve jouée, témoignèrent aussi de leur mécompte. Quant à madame de Godollo, qui, malgré une voix très-remarquable, s'était jusque-là fait prier pour chanter, quand elle vit le peu de souci que Félix avait paru prendre de ses recommandations, elle alla prier madame Phellion de vouloir bien l'accompagner, et, entre deux couplets d'une romance à la mode :

— Eh bien! lui dit-elle, monsieur votre fils?

— Il va venir, lui répondit madame Phellion; son père l'a vertement chapitré, mais il y a ce soir une conjonction de je ne sais quelles planètes; c'est fête chez ces messieurs de l'Observatoire, et il n'a pu se dispenser...

— C'est inconcevable que l'on soit maladroit à ce point! dit la comtesse; nous n'avions pas assez de la théologie dans cette affaire; il fallait y mêler l'astronomie.

Et l'impatience communiquant à sa voix un élan singulier, elle acheva sa romance au milieu de ce que les Anglais appellent un tonnerre d'applaudissements.

La Peyrade, qui la redoutait excessivement, ne fut pas un des derniers, quand elle eut regagné sa place, à venir lui exprimer son admiration, mais elle reçut son compliment avec une froideur qui allait jusqu'à la désobligeance, en sorte que leur hostilité s'en accrut d'autant.

Il alla se consoler auprès de madame Colleville. Flavie avait encore trop de prétentions à la beauté pour ne pas être l'ennemie d'une femme faite de manière à intercepter tous les hommages.

— Vous aussi, vous trouvez que cette femme chante bien ? demanda dédaigneusement madame Colleville à l'avocat.

— J'ai été, du moins, le lui dire, répondit la Peyrade, puisque hors d'elle, auprès de Brigitte, point de salut. Mais voyez donc un peu votre Céleste ; elle ne quitte pas des yeux la porte, et, à chaque plateau qui entre, quoiqu'il ne soit plus heure à ce qu'on annonce personne, un désappointement se peint sur son visage.

Il faut constater, chemin faisant, que depuis le règne de madame de Godollo, des plateaux circulaient dans le salon les jours de réception, et cela sans chicherie, chargés de glaces, de petits fours et de sirops pris chez Tanrade, au meilleur endroit.

— Laissez-moi donc tranquille ! répondit Flavie, je sais bien ce que cette petite sotte a dans l'âme, et votre mariage ne se fera que trop.

— Mais est-ce pour moi que je le fais? dit la Peyrade; n'est-ce pas une nécessité que je subis en vue d'assurer notre avenir à tous? Allons! voyons, maintenant vous voilà avec des larmes dans les yeux. Je vous laisse, vous n'êtes pas raisonnable; que diable! comme dit ce Prudhomme de Phellion père, qui veut la fin veut les moyens!

Et il se rapprocha d'un groupe formé par Céleste, madame Thuillier, madame de Godollo, Colleville et Phellion.

Madame Colleville le suivit, et, sous l'influence du sentiment de jalousie qu'elle venait d'exprimer, devenue une mère féroce :

— Céleste, dit-elle, pourquoi ne chantez-vous pas? Plusieurs de ces messieurs désirent vous entendre.

— Oh! maman, dit Céleste, chanter après madame avec mon pauvre filet de voix! D'ailleurs, vous savez, j'ai un peu de rhume.

— C'est-à-dire que comme toujours vous êtes prétentieuse et désagréable; on chante comme on chante, et toutes les voix ont leur mérite.

— Ma chère amie, dit Colleville, qui, venant de perdre vingt francs à une table de jeu, trouvait dans sa mauvaise humeur le courage d'une opinion à l'encontre de celle de sa femme, on chante comme on chante, c'est là un axiome de bourgeois; on chante avec une voix, quand on en a une, et surtout on ne chante pas après une voix d'opéra comme celle de madame la comtesse; moi, je dispense parfaitement Céleste de nous roucouler un de ses petits airs langoureux.

— C'est bien la peine, dit Flavie en quittant le groupe, de payer des maîtres si cher pour n'être bonne à rien !

— Ainsi, dit Colleville à Phellion en reprenant le propos que l'invasion de madame Colleville avait interrompu, Félix n'habite plus sur la terre : il passe sa vie dans les astres?

— Mon cher et ancien collègue, dit Phellion, je suis, comme vous, fort piqué contre mon fils en le voyant ainsi négliger les plus anciens amis de sa famille; et, quoique la contemplation de ces grands corps lumineux suspendus dans l'espace par la main du Créateur présente, à mon avis, plus d'intérêt que ne paraît le croire votre cerveau brûlé, je trouve que Félix, s'il ne venait pas, comme il me l'a promis, manquerait, ce soir, à toutes les convenances ; et je ne le lui mâcherais pas, je vous le promets.

— La science, dit la Peyrade, est une belle chose, mais elle a le malheur de faire des ours et des maniaques.

— Sans compter, dit Céleste, qu'elle ôte toute idée de religion.

— En ceci, mon enfant, vous vous trompez, dit la comtesse ; Pascal, qui était lui-même un grand exemple de la fausseté de votre point de vue, a dit, si je ne me trompe, qu'un peu de science nous éloigne de la religion et que beaucoup nous y ramène.

— Pourtant, madame, dit Céleste, tout le monde s'accorde à trouver M. Félix très-savant ; quand il donnait des répétitions à mon frère, il n'y avait rien, à ce que disait François, de si clair et de si compréhensible que ses explications ; vous voyez s'il en est pour cela plus religieux.

— Je vous dis, ma bonne petite, que M. Félix n'est pas irréligieux, et qu'avec un peu de douceur, de patience, rien ne serait plus facile que de le ramener.

— Ramener à la pratique un savant ! madame, dit la Peyrade, cela me paraît difficile ; ces messieurs mettent au-dessus de tout l'objet de leurs études. Allez donc dire à un géomètre, à un géologue, que l'Église, par exemple, exige impérieusement la sanctification du dimanche par la suspension de toute espèce de travail, cela leur fera hausser les épaules quoique Dieu n'ait pas dédaigné de se reposer.

— C'est pourtant vrai, dit naïvement Céleste, en ne venant pas ce soir, ce n'est pas seulement une faute contre les bienséances que commet M. Félix, c'est un péché.

— Mais dites, ma toute belle, répondit madame de Godollo, trouvez-vous que de nous voir ici réunis pour chanter des romances, pour manger des glaces et pour dire du mal les uns des autres, comme cela se pratique trop souvent dans les salons, cela soit beaucoup plus agréable à Dieu que de voir un savant dans son observatoire occupé à se rendre compte des magnifiques secrets de la création ?

— Il y a temps pour tout, dit Céleste, et, comme le disait M. de la Peyrade, Dieu lui-même n'a pas dédaigné le repos.

— Mais, ma chère amie, dit madame de Godollo, c'est que Dieu avait le temps, lui ; il est éternel.

— Voilà, dit la Peyrade, une des plus jolies, des plus spirituelles impiétés qui se puissent entendre, et c'est de pareilles raisons que se payent les gens du monde. Les commandements de Dieu, on les interprète, même quand ils sont les plus impérieux et les plus explicites ; on en prend, on en laisse, on y distingue ; le libre penseur les soumet à sa révision souveraine, et de la libre pensée on sait s'il y a loin à la libre action !

Pendant cette tirade de l'avocat, madame de Godollo avait regardé la pendule : elle marquait onze heures et demie. Le salon se vidait peu à peu. Une seule table de jeu fonctionnait encore, occupée par Thuillier, Minard père et deux des nouvelles connaissances de la maison. Phellion venait de quitter le groupe dont il faisait précédemment partie, pour se rapprocher de sa femme causant dans un coin avec Brigitte, et par la vive accentuation de sa pantomime, il révélait un homme en proie à un profond sentiment d'indignation. Tout annonçait donc que l'espoir de voir arriver le retardataire était décidément perdu.

— Monsieur, dit la comtesse à la Peyrade, faites-vous à ces messieurs de la rue des Postes l'honneur de les tenir pour bons catholiques?

— Sans aucun doute, dit l'avocat, et la religion n'a pas de plus fermes soutiens.

— Eh bien, ce matin, continua la comtesse, j'ai eu le bonheur d'être reçue par le père Anselme. En même temps qu'il est un modèle de toutes les vertus chrétiennes, ce bon père passe pour un très-savant mathématicien.

— Je n'ai pas dit, madame, que ces deux merites fussent inconciliables.

— Mais vous avez dit qu'un bon chrétien, un jour de dimanche, ne pouvait vaquer à aucune espèce de travail; il faut donc que le père Anselme soit un grand mécréant; au moment où j'eus accès dans sa chambre, je le trouvai devant un tableau, un bâton de craie à la main, et occupé d'un problème sans doute assez difficile, car le tableau était aux trois quarts couverts de signes algébriques, et je dois ajouter qu'il ne paraissait pas beaucoup se soucier du scandale, puisqu'une personne qu'il ne m'est pas permis de nommer, mais qui est un jeune savant de grande espérance, partageait avec lui cette profane occupation.

Céleste et madame Thuillier se regardèrent et toutes deux se trouvèrent dans les yeux comme une lueur d'espérance.

— Pourquoi ne pouvez-vous pas nommer ce jeune savant? finit par dire madame Thuillier, qui ne mettait jamais plus de finesse à dire sa pensée.

— Parce qu'il n'a pas comme le père Anselme sa sainteté pour le faire absoudre de cette flagrante violation du dimanche; et puis, ajouta madame de Godollo d'une manière significative, il me supplia de ne pas dire que je l'eusse rencontré au lieu où je le voyais.

— Vous connaissez donc bien des jeunes savants? demanda Céleste, car celui-là et M. Phellion, cela fait déjà deux.

— Ma chère belle, dit la comtesse, vous êtes une petite curieuse, mais vous ne me ferez pas dire ce que je ne veux pas dire, surtout après la confidence du père Anselme, car votre esprit prendrait aussitôt le galop.

Le galop était tout pris et chaque mot de la comtesse paraissait accroître l'anxiété de la jeune fille.

— Moi, dit la Peyrade avec ironie, je ne serais pas du tout étonné quand le collaborateur du père Anselme serait précisément M. Félix Phellion ; Voltaire avait conservé de très-bons rapports avec les jésuites, qui l'avaient élevé, seulement il ne parlait pas avec eux religion.

— Eh bien, mon jeune savant, à moi, en parle à son vénérable confrère ès sciences, il lui soumet ses doutes, et tel a été le point de départ de leur liaison scientifique.

— Et le père Anselme, demanda Céleste, espère-t-il le convertir, ce jeune homme ?

— Il en est sûr, répondit la comtesse : son jeune collaborateur, à part l'éducation religieuse qui lui a manqué, a été élevé dans les meilleurs sentiments ; il sait d'ailleurs que son retour à la religion serait le bonheur d'une charmante jeune fille qu'il aime et dont il est aimé. Maintenant, ma chère enfant, vous ne m'en ferez pas dire davantage, et croyez tout ce qui vous plaira.

— Oh ! ma marraine ! dit Céleste en cédant à toute la naïveté de son impression, si c'était lui ! Et elle se précipita en pleurant dans les bras de madame Thuillier.

A ce moment le domestique ouvrit la porte du salon, et, complication singulière, il annonça M. Félix Phellion.

Le jeune professeur entra tout couvert de sueur, sa cravate en désordre et l'air tout essoufflé.

— Une belle heure, dit Phellion avec sévérité, pour se présenter !

— Mon père, dit Félix tout en se dirigeant du côté où étaient assises madame Thuillier et Céleste, je ne pouvais pas quitter avant la fin du phénomène. Je n'ai pas trouvé de voiture et j'arrive toujours courant.

— Les oreilles ont dû vous tinter en route, dit la Peyrade d'un air goguenard, car depuis un moment vous occupiez la pensée de ces dames qui, à votre sujet, s'étaient proposé un grand problème.

Félix ne répondit pas ; il vit entrer Brigitte qui venait de la salle à manger où elle était allée ordonner au domestique de ne plus passer de plateaux ; il courut la saluer.

Après avoir entendu quelques reproches sur la rareté de sa présence, et s'être entendu amnistié par un très-obligeant : *Il vaut mieux tard que jamais*, il retourna vers son pôle et fut assez étonné de s'entendre dire par madame de Godollo :

— Monsieur, vous me pardonnerez une indiscrétion que l'entraînement de la conversation vient de me faire commettre à votre sujet : j'ai dit à ces dames, malgré votre recommandation expresse, le lieu où je vous ai rencontré ce matin.

— Où j'ai eu l'honneur de vous rencontrer, dit Félix : mais alors, madame, je ne vous ai pas vue.

Un sourire imperceptible effleura les lèvres de la Peyrade.

— Vous m'avez si bien vue, que vous m'avez parlé en me demandant la discrétion la plus absolue. Mais, du reste, je ne vous ai pas engagé au delà de la vérité; j'ai dit que vous voyez quelquefois le père Anselme, et que, jusqu'ici, vous aviez avec lui des relations scientifiques, mais que vous défendiez contre lui vos doutes tout aussi bien que contre Céleste.

— Le père Anselme, dit stupidement Phellion.

— Eh! sans doute, fit la Peyrade, un grand mathématicien qui ne désespère pas de vous convertir; mademoiselle Céleste en a pleuré de joie.

Félix promena autour de lui un regard hébété. Madame de Godollo le regardait avec des yeux dont un caniche eût compris le langage.

— Je voudrais, finit-il par dire, avoir fait une chose si agréable à mademoiselle Céleste, mais je crois, madame, que vous vous êtes trompée.

— Écoutez-moi, monsieur, je vais préciser, et, si votre mauvaise honte vous pousse à cacher désespérément une démarche qui n'a pourtant rien que d'avouable, puisqu'elle a fait la joie de ceux qui vous aiment, démentez-moi; je porterai la peine de ma légèreté à divulguer un secret que vous avez, je l'avoue, hautement recommandé à ma discrétion.

Madame Thuillier et Céleste étaient à elles seules un spectacle, jamais on n'avait vu le doute et l'attente peints plus énergiquement sur un visage humain.

Scandant chacune de ses paroles :

— J'ai dit à ces dames, reprit madame de Godollo, parce que je savais à quel point elles sont occupées de votre salut, et parce qu'on vous accusait de méconnaître audacieusement les commandements de Dieu en travaillant le dimanche, que je vous avais rencontré ce matin à la maison de la rue des Postes, chez le père Anselme, un savant comme vous, avec lequel vous étiez occupé de la solution d'un problème ; j'ai dit que vos communications scientifiques avec cet homme si saint et si éclairé avaient amené entre vous d'autres explications ; que vous lui aviez soumis vos doutes religieux et qu'il ne désespérait pas d'en avoir raison ; il n'y a dans la confirmation que vous donnerez à mon récit rien qui puisse humilier votre amour-propre ; c'est tout simplement une surprise que vous vouliez faire à Céleste, et j'ai eu la maladresse de l'éventer, mais en vous entendant répondre que j'ai dit la vérité, vous lui ferez bien encore assez de bonheur pour ne pas nous marchander la parole qu'elle attend de vous.

— Allons ! monsieur, dit la Peyrade, il n'y a jamais de ridicule à chercher la lumière ; vous, si droit et si ennemi du mensonge, vous ne pouvez nier ce que madame affirme avec cette résolution.

— Eh bien, dit Félix après un peu d'hésitation, voulez-vous, mademoiselle Céleste, me permettre de vous dire deux mots seulement, sans témoins?

Céleste se leva sur un signe approbatif de madame Thuillier. Félix la prit par la main et l'entraîna vers une fenêtre à deux pas de laquelle ils se trouvaient dans le moment.

— Céleste, lui dit-il, je vous en supplie, attendez encore. Tenez, ajouta-t-il en lui montrant la constellation du Chariot, par delà ces astres visibles, il y a pour nous tout un avenir. Quant au père Anselme, je ne puis pas avouer, puisque ce n'est pas vrai. C'est un conte officieux, mais patientez, vous apprendrez des choses...!

Céleste le quitta et il resta occupé à regarder le ciel.

— Il est fou! dit la jeune fille avec un accent désespéré en revenant prendre sa place auprès de madame Thuillier.

Et Félix confirma ce pronostic en s'élançant hors du salon sans s'apercevoir de l'émoi avec lequel Phellion et sa mère s'étaient mis sur ses traces.

Pendant que cette sortie stupéfiait tout le monde, la Peyrade s'approcha respectueusement de madame Godollo et lui dit :

— Convenez, madame, qu'il est bien difficile de tirer de l'eau un homme qui veut absolument se noyer.

— Je n'avais pas encore l'idée, répondit la comtesse, d'une pareille simplicité, c'est être par trop niais. Je passe à l'ennemi et avec l'ennemi, quand bon lui semblera, j'aurai chez moi une explication franche et loyale.

V

HONGRIE ET PROVENCE.

Le lendemain, Théodose se sentit possédé de deux curiosités : Comment Céleste se démêlerait-elle de l'option qu'elle avait acceptée? cette comtesse Torna de Godollo, qu'avait-elle à lui dire et que lui voulait-elle?

Le premier de ces intérêts semblait devoir sans conteste prendre le pas; et cependant, par un instinct secret, la Peyrade se sentait plus vivement attiré vers la solution du second problème. Mais en se décidant à aller d'abord de ce côté, il comprit que, pour la rencontre à laquelle il avait été convié, il ne pouvait se présenter armé avec trop de soin.

Il avait tombé de l'eau dans la matinée et ce grand calculateur n'en était pas à savoir ce qu'une éclaboussure ternissant le vernis d'une botte peut apporter de déconsidération à un homme. Il envoya donc son portier lui chercher un cabriolet, et vers les trois heures il quittait la rue Saint-Dominique-d'Enfer, se dirigeant vers les élégantes latitudes du quartier de la Madeleine.

On se doute bien que quelques soins avaient été donnés à son costume qui devait tenir le milieu entre le sans-façon d'une toilette du matin et le cérémonieux d'une tenue de l'après-dîner. Inféodé par sa profession à la cravate blanche, dont il ne lui arrivait de se départir qu'en de rares occasions, et n'osant se présenter autrement qu'en habit, il se sentait pencher vers l'une des deux extrémités dans lesquelles il lui paraissait convenable de ne pas tomber. Mais avec l'habit boutonné et le gant paille remplacé par un gant demi-clair, il se *désolennisait* et évitait cet aspect solliciteur et provincial que donne une toilette de salon promenée par les rues à l'heure où le soleil n'est pas encore descendu à l'horizon.

L'habile diplomate n'eut garde de se faire conduire jusqu'à la porte de la maison où il avait affaire. A l'entre-sol, il n'aurait pas voulu être vu descendant d'une voiture de place, et au premier, il aurait craint d'être aperçu faisant une station à l'étage inférieur ; cette démarche n'aurait pas manqué de donner lieu à des commentaires infinis.

Il eut donc soin de se faire arrêter à l'angle de la rue Royale ; de là, par le trottoir à peu près sec, en marchant avec précaution sur la pointe du pied, il arriva sans encombre. Parvenu à la porte de la maison, il eut la chance de n'être pas vu des concierges ; le mari, bedeau à l'église de la Madeleine, était alors absent pour son service, et la femme occupée à montrer un appartement encore vacant à un aspirant locataire ; échappant donc à tous les regards, Théodose put se glisser jusqu'à la porte du sanctuaire où il allait pénétrer.

Un mouvement délicat que sa main imprima à un cordon de soie garni de cartisanes fit retentir une sonnette à l'intérieur de l'appartement. Quelques secondes écoulées, un coup plus impérieux d'une autre sonnette d'un moindre calibre lui parut un avertissement à l'adresse de la caméristе tardant trop à ouvrir au gré de sa maîtresse. En effet, un moment plus tard, une femme de chambre, d'un âge mûr et de trop bonne façon pour affecter le costume des soubrettes de comédie, se trouvait face à face avec lui.

L'avocat déclina son nom, et la femme de chambre le pria d'attendre dans une salle à manger d'un luxe sévère. Presque aussitôt la caméristе vint le reprendre, et en l'annonçant, elle l'introduisit dans le salon le plus coquet et le plus splendide qu'il soit possible de disposer sous le plafond écrasé d'un entre-sol.

La divinité du lieu était assise devant une table que recouvrait un tapis à dessin vénitien où l'or chatoyait mêlé aux éclatantes couleurs d'un petit point de tapisserie. A l'entrée de l'avocat, la divinité du lieu le salua sans se lever, et pendant que la femme de chambre lui avançait un fauteuil :

— Vous permettez, monsieur, lui dit la comtesse, que je ferme une lettre pressée?

L'avocat s'inclina en signe d'assentiment ; la belle étrangère prit alors sur un pupitre en écaille incrustée, façon Boule, une feuille de papier anglais azuré qu'elle plaça sous une enveloppe ; après avoir écrit l'adresse, elle se leva pour sonner.

Paraissant aussitôt, la femme de chambre alluma une lampe à l'esprit-de-vin enchâssée dans un petit meuble de bureau rehaussé de charmantes sculptures ; au-dessus de la lampe était attachée une sorte de creuset en vermeil où attendait un culot de cire à cacheter odorante ; aussitôt que la chaleur du feu eut mis la cire en liquéfaction, la caméristе la versa sur l'enveloppe et présenta à sa maîtresse le cachet armorié. Celle-ci l'imprima de ses belles mains et dit :

— Faites porter sans retard à son adresse.

La femme de chambre fit un mouvement pour prendre la lettre, mais soit inadvertance, soit précipitation, le papier alla tomber aux pieds de la Peyrade qui, se baissant d'un mouvement vif pour le ramasser, lut involontairement la suscription. Elle portait : « *Son Excellence Monsieur le Ministre des affaires étrangères.* » Et plus haut, dans un des angles, les mots significatifs : *à lui seul*, assignaient à cette missive un caractère d'intimité.

— Pardon ! monsieur, dit la comtesse en recevant de l'avocat la lettre qu'il avait eu le bon goût de faire repasser par les mains de la maîtresse de manière à lui adresser son empressement. Veuillez, mademoiselle, faire en sorte de ne pas la perdre, dit en même temps d'un ton sec la belle étrangère à la malencontreuse caméristé. Celle-ci ainsi congédiée, la Hongroise quitta le siége qu'elle occupait devant la table à écrire et alla prendre place sur un canapé couvert en satin gris-perle.

Pendant tout ce manége, la Peyrade avait eu le plaisir d'inventorier les magnificences dont il était entouré. Des tableaux de maître se détachant sur une tenture à fond mat et sombre, qu'égayaient des torsades et des galons de soie ; sur une console en bois doré, un immense vase du Japon ; devant les fenêtres, deux jardinières où un *lilium rubrum*, aux pétales recroquevillés, surmontait des camellias blancs et rouges et des magnoliers nains de la Chine à fleurs d'un blanc soufré, bordées d'un liséré ponceau ; dans une encoignure, une panoplie composée d'armes aux aspects les plus bizarres et les plus riches, et qui s'expliquait par la nationalité, toujours un peu *hussarde*, de la maitresse du lieu ; enfin, quelques bronzes et statuettes d'un choix exquis, et, dans les siéges, roulant moelleusement sur un tapis à dessins turcs, une grande anarchie de formes et d'étoffes, tel était l'ameublement de ce salon que l'avocat avait eu l'occasion de visiter avec Brigitte et Thuillier avant qu'il fût habité. Il lui sembla transfiguré au point d'être pour lui méconnaissable.

Avec un peu plus d'habitude du monde l'avocat eût été moins surpris des soins merveilleux que la comtesse s'était donnés pour la décoration de ce réduit. Le salon d'une femme est son royaume, et son royaume absolu ; car là, dans toute la force du mot, elle règne et gouverne. Là elle livre plus d'une bataille, et presque toujours elle en sort victorieuse. En effet, de son salon n'a-t-elle pas choisi tous les ornements, harmonisé toutes les couleurs, et n'y dispense-t-elle pas le jour à sa guise ? Pour peu qu'elle soit un machiniste intelligent, il est impossible que là où chaque objet de son entourage a été disposé de sa main elle ne vaille pas tout son prix ; impossible que chacun de ses avantages ne soit pas mis en un rare relief. Dites-vous que vous ne connaissez pas toutes les perfections d'une femme quand vous ne l'avez pas vue dans l'atmosphère prismatique de son salon, mais gardez-vous aussi de prétendre à la juger et à la savoir quand vous ne l'avez vue que là.

Coquettement blottie dans l'un des angles du canapé, la tête nonchalamment soutenue par un bras dont la forme et la blancheur pouvaient être suivies par l'œil presque jusqu'à la hauteur du coude, sous la manche largement évasée d'une robe de chambre de velours noir; son pied de Cendrillon à l'aise dans une mignonne pantoufle de cuir de Russie et posant sur un coussin de velours satin orange, rehaussé de fleurs en relief, la belle Hongroise avait l'air d'un portrait de Lawrence ou de Winterhalter, plus la naïveté de la pose.

— Monsieur, dit-elle en souriant avec un léger accent étranger qui prêtait un charme de plus à sa parole, je ne puis m'empêcher de trouver très-plaisant qu'un homme de votre esprit et de votre rare pénétration ait pu voir en moi une ennemie.

— Mais, madame la comtesse, répondit la Peyrade laissant lire dans ses yeux un étonnement mêlé de défiance, toutes les apparences, vous en conviendrez, étaient du côté de ma simplicité. Un prétendant vient se jeter en travers d'un mariage qui s'offre à moi entouré de toutes les convenances. Ce concurrent me fait la grâce de se montrer gauche à miracle, de n'être pas difficile à écarter, et voilà tout à coup le plus gracieux et le plus inespéré des auxiliaires qui se dévoue pour le protéger sur le terrain précisément où il est le plus vulnérable.

— Avouez, dit en riant la comtesse, que ce protégé est un habile homme, et qu'il m'a vaillamment secondée !

— Sa maladresse, répondit la Peyrade, n'était pas, je pense, pour vous très-imprévue, et la protection dont vous daignez l'honorer n'en reste pour moi que plus cruelle.

— Le grand malheur, reprit l'étrangère avec une minauderie charmante, quand on vous dispenserait d'épouser mademoiselle Céleste ; vous tenez donc beaucoup, monsieur, à cette pensionnaire ?

Dans ce mot, mais surtout dans l'intonation avec laquelle il fut prononcé, il y avait plus que du dédain, il y avait de la haine. Cette nuance ne devait pas échapper à un observateur de la force de la Peyrade. Toutefois, n'étant pas homme à beaucoup s'avancer sur cette simple remarque :

— Madame, dit-il, l'expression vulgaire, faire une fin, résume cette situation où, après avoir longtemps combattu, un homme, à bout de ses efforts et de ses illusions, fait un compromis tel quel avec son avenir. Or, quand cette fin se présente sous la forme d'une jeune fille ayant plus de vertu, j'en conviens, que de beauté, mais apportant à son mari la fortune indispensable au bien-être de toute association conjugale, quoi d'étonnant que le cœur se laisse prendre par la reconnaissance et qu'il accueille la vraisemblance du paisible bonheur qui semble s'offrir à lui ?

— J'avais toujours pensé, répondit la comtesse, que la portée de l'intelligence devait être la mesure de l'ambition, et je me figurais qu'un homme assez profondément habile pour ne vouloir être d'abord que l'avocat des pauvres, avait de moins humbles et de moins pastorales aspirations.

— Eh ! madame, repartit la Peyrade, la main de fer de la nécessité fait des résignations bien autrement étranges ; la question du pain quotidien est de celles devant qui tout plie et tout s'abaisse. Apollon, *pour vivre*, ne fut-il pas obligé de se faire le berger d'Admète ?

— La bergerie d'Admète, repartit madame de Godollo, était au moins une bergerie royale, mais certainement Apollon ne se fût pas résigné à garder les bêtes chez un .... bourgeois.

La suspension introduite dans sa phrase par la belle étrangère semblait sous-entendre un nom propre, et la Peyrade comprit que, par pure clémence, Thuillier avait été dispensé de comparaître dans l'argument qui s'était arrêté au genre au lieu de pousser jusqu'à l'individu.

— Je crois, madame, qu'il y a autant de vérité que de finesse dans votre distinction, répondit la Peyrade, mais n'est pas Apollon qui veut.

— Je n'aime pas les gens qui surfont, dit sèchement la comtesse, mais j'aime encore moins les gens qui donnent leur marchandise au-dessous du cours ; j'ai toujours peur qu'ils ne me fassent dupe de quelque rouerie savante et compliquée. Vous savez bien, monsieur, votre valeur, et votre hypocrisie d'humilité me déplaît souverainement ; elle me prouve que mes bienveillantes ouvertures n'ont pas installé même un commencement de confiance entre nous.

— Je vous jure, madame, que jusqu'ici la vie ne m'a pas payé pour croire en moi à aucune supériorité éclatante.

— Au fait, dit la Hongroise, il faut peut-être admettre la modestie d'un homme qui accepte le pitoyable dénoûment en travers duquel j'avais essayé de me placer.

— Comme il faut peut-être, dit finement la Peyrade, admettre la réalité d'une bienveillance qui, pour me sauver, m'avait jusqu'ici si rudement châtié.

La Hongroise jeta sur son interlocuteur un regard de reproche ; sa main chiffonnant un des rubans de sa robe, elle baissa les yeux et laissa échapper un soupir si imperceptible et si léger, qu'il pouvait passer pour un incident de la respiration la plus régulière.

— Vous êtes rancunier, dit-elle, et jugez les gens tout d'une pièce. Après tout, ajouta-t-elle comme par réflexion, vous avez peut-être raison de me rappeler que j'ai pris le plus long pour venir me mêler assez ridiculement à des intérêts qui me sont étrangers. Poussez, cher monsieur, dans le sens de votre glorieux mariage où vous trouvez tant de convenances réunies, et laissez-moi seulement souhaiter que vous n'ayez pas à vous repentir d'une victoire que je n'essayerai plus d'ajourner.

Le Provençal n'avait pas été gâté à l'endroit des bonnes fortunes. La misère contre laquelle il s'était longtemps débattu ne jette guère sur le chemin des galantes rencontres, et depuis qu'il avait secoué sa rude étreinte, tout entier à la pénible tâche de se constituer un avenir, n'était la comédie jouée avec madame Colleville, il n'avait laissé prendre aux choses de cœur qu'une bien minime place dans sa vie. Comme les hommes vivement occupés qu'obsède néanmoins le démon de la chair, il se résignait à cet ignoble amour tout fait, qui, ramassé le soir au coin des carrefours, se concilie d'ailleurs si commodément avec l'extérieur de la dévotion. On peut donc se représenter la perplexité de ce novice en matière d'aventures, quand il se vit placé entre la crainte de laisser échapper une délicieuse occasion et celle de trouver un serpent au milieu des fleurs qui semblaient s'ouvrir sous sa main. Une réserve trop marquée, un empressement trop tiède, pouvaient blesser l'amour-propre de la belle étrangère, et tarir tout à coup la source où l'on paraissait l'inviter à puiser; mais, d'autre part, si cette apparence d'intérêt n'était qu'un piége; si la bienveillance, pour lui mal expliquée, dont il était devenu brusquement l'objet, n'avait qu'un but, celui de l'entraîner à quelque fausse démarche dont ensuite on dût faire arme contre lui pour le compromettre vis-à-vis des Thuillier, quel échec à sa réputation d'habileté et quel rôle à jouer que celui du chien lâchant la proie pour l'ombre!

On sait déjà que la Peyrade était un peu de l'école de *Tartufe*, et la franchise avec laquelle le maître déclare à Elmire que, sans un peu de ses faveurs *après quoi* il soupire, il ne saurait prendre foi dans ses tendres avances, parut à l'avocat, sauf un peu plus de velouté dans la forme, pouvoir être très-convenablement appliquée au cas présent.

— Madame la comtesse, dit-il donc, vous faites de moi un homme très à plaindre; j'allais gaiement à ce mariage, vous m'en ôtez la foi;

et ensuite, quand je l'aurai rompu, quel usage, avec ma capacité si haute, voyez-vous donc pour moi à faire de cette liberté que j'aurai recouvrée?

— La Bruyère a dit, si je ne me trompe, que rien ne rafraîchit le sang comme d'avoir évité une sottise.

— D'accord; mais c'est là un bénéfice négatif, et je suis d'un âge et dans une situation de fortune à me préoccuper de résultats plus sérieux. L'intérêt que vous daignez me porter ne doit pas s'arrêter à l'idée de faire de moi table rase. J'aime mademoiselle Colleville d'un amour, il est vrai, qui n'a rien d'impérieux et de dominateur, mais enfin je l'aime, sa main m'est promise, et avant d'y renoncer...

— Ainsi, dit vivement la comtesse, dans un cas donné, vous ne seriez pas éloigné d'une rupture, et, ajouta-t-elle d'une façon plus posée, on aurait quelque chance de vous faire comprendre qu'en vous livrant ainsi à la première occasion, vous compromettez tout votre avenir, — que d'autres partis peuvent se présenter?

— Au moins, madame, faudrait-il les pressentir, les entrevoir.

Cette persévérance à prendre des gages parut désobliger la comtesse.

— La foi, monsieur, dit-elle, n'est une vertu que parce qu'elle croit sur parole. Vous doutez de vous-même, ce qui est un autre genre de gaucherie. Je ne suis pas heureuse dans mes patronages.

— Mais enfin, madame, est-il donc bien indiscret d'insister pour savoir au moins d'une façon lointaine ce que votre bienveillance a pu rêver pour moi ?

— Très-indiscret, répondit froidement la Hongroise, car il m'est facile de voir que vous ne promettez qu'une docilité conditionnelle. N'en parlons plus. Vous êtes très-avancé avec mademoiselle Colleville, elle vous convient sous beaucoup de rapports, épousez-la; encore un coup, vous ne me trouverez plus sur votre chemin.

— Mais mademoiselle Colleville, en effet, me convient-elle? répondit la Peyrade; c'est justement à cet endroit que tout à l'heure vous avez fait naître mes doutes! Et ne trouvez-vous pas quelque cruauté à me jeter successivement deux affirmations contradictoires sans aucune preuve à l'appui ?

— Ah ! dit la comtesse d'un ton d'impatience, il faut à mon opinion des pièces justificatives ! Eh bien, monsieur, il y a quelque chose de très-concluant et que je puis vous affirmer : Céleste ne vous aime pas.

— Je crois en effet, dit la Peyrade avec humilité, que je suis plutôt sur le chemin d'un mariage de raison.

— Et elle ne peut pas vous aimer, continua madame de Godollo en s'animant, parce qu'elle ne peut pas vous comprendre. Ce qui est son vrai mari, c'est ce petit jeune homme blond, timide et fade comme elle ; du contact de ces deux natures sans vie et sans chaleur résultera cette tiédeur à deux qui, dans les opinions du monde où elle est née et où elle a vécu, constitue le *nec plus ultrà* de la félicité conjugale. Essayez donc de faire entendre à cette petite sotte que la fortune, quand elle a la chance de rencontrer le talent sur son chemin, doit se tenir pour très-honorée de la rencontre ! Faites donc surtout comprendre cela à son odieux et misérable entourage ! Des bourgeois enrichis, voilà le toit sous lequel vous pensez à aller vous reposer de votre dur labeur et de vos longues épreuves ; et vous croyez que, vingt fois par jour, votre apport, pesé à côté de leur apport en argent, ne sera pas trouvé outrageusement léger ! D'un côté l'*Iliade*, le *Cid*, le *Freyschütz* et les *fresques du Vatican* ; de l'autre, cent mille écus en bonnes espèces sonnantes : et dites-moi de quel côté se tournera leur admiration ? L'artiste, l'homme d'imagination tombé dans l'atmosphère bourgeoise, savez-vous à quoi je le compare ? A Daniel jeté dans la fosse aux lions, moins le miracle de l'Écriture.

Cette invective contre la bourgeoisie avait été débitée avec un ton de chaleureuse conviction qui pouvait difficilement manquer d'être communicative :

— Ah ! madame, s'écria la Peyrade, que vous dites éloquemment les choses qui souvent se sont présentées à mon esprit inquiet et troublé ! mais toujours je me sentais acculé à cette fatalité cruelle, la nécessité d'une position...

— Nécessité, position, interrompit la comtesse en élevant encore la température de sa parole, mots vides de sens, qui ne sont pas même un son pour les habiles, mais qui font reculer les niais comme de redoutables empéchements. La nécessité ; est-ce que cela existe pour les natures d'élite, pour celles qui savent vouloir ? Un ministre gascon a dit un mot qui devrait être gravé sur la porte de toutes les carrières : « Tout vient à point à qui sait attendre. » Vous ignorez donc que le mariage, pour les hommes de trempe supérieure, c'est ou une chaîne qui les rive aux dernières vulgarités de l'existence, ou une aile qui les transporte aux plus hauts sommets du monde social ? La femme qu'il vous faudrait à vous, monsieur, et qui ne se ferait peut-être pas longtemps attendre dans votre avenir, si vous n'aviez une incroyable hâte de le livrer à la première dot venue, c'est celle qui serait capable de vous comprendre, parce qu'elle vous aurait deviné; celle qui serait pour vous un collaborateur, une confidente intellectuelle, et non un pot-au-feu animé ; celle qui, aujourd'hui votre secrétaire, pourrait être demain la femme vraisemblable d'un député, d'un ambassadeur ; celle enfin qui serait en mesure de vous offrir son cœur pour ressort, son salon pour théâtre, ses relations pour échelle, et qui, en récompense de tout ce qu'elle vous apporterait d'élan et de force. ne demanderait qu'à rayonner auprès de votre trône de la gloire et des prospérités qu'elle aurait pressenties en vous !

Grisée en quelque façon de sa parole, la Hongroise était magnifique, l'œil étincelant, la narine gonflée ; les perspectives que déroulait sa vive éloquence, elle semblait les voir, les toucher de ses mains frémissantes. Un moment la Peyrade fut comme ébloui de cette sorte de lever de soleil qui éclatait dans sa vie.

Toutefois, comme c'était un homme prodigieusement prudent qui s'était fait une loi de ne prêter que sur caution bonne et solvable, il fut entraîné à peser encore sur la situation.

— Madame la comtesse, dit-il, vous me reprochiez tout à l'heure de parler en bourgeois, et moi j'ai bien peur que vous ne parliez en déesse. Je vous admire, je vous écoute, mais je ne suis pas convaincu. Ces dévouements, ces abnégations sublimes, se rencontrent peut-être au ciel ; mais sur la terre, qui peut se vanter d'en avoir été l'objet ?

— Vous vous trompez, monsieur, dit la comtesse avec solennité, de pareils dévouements sont rares, mais ils ne sont ni incroyables ni impossibles, il faut seulement avoir la main à les trouver, et surtout la main à les retenir quand ils se sont offerts à vous.

Là-dessus, elle se leva majestueusement.

La Peyrade comprit qu'il avait fini par déplaire, et qu'on le congédiait; il se leva à son tour, s'inclina avec respect, et demanda la faveur d'être reçu quelquefois.

— Monsieur, lui répondit madame Godollo, chez nous autres Hongrois, gens primitifs et presque sauvages, quand une porte est ouverte, c'est à deux battants ; mais quand nous la fermons, c'est à double verrou.

Cette réponse digne et ambiguë fut accompagnée d'une légère inclination de tête. Étourdi, confondu de ces façons d'être, pour lui si nouvelles, et qui ressemblaient si peu à celles de Flavie, de Brigitte et de madame Minard, la Peyrade sortit en se demandant s'il avait bien joué le jeu.

VI

LA ROCHE TARPÉIENNE EST PRÈS DU CAPITOLE.

En quittant madame de Godollo, la Peyrade sentit le besoin de se recueillir. Au fond de la conversation qu'il venait d'avoir avec cette étrange femme, que démêlait-il : un piége ou un riche parti qui s'offrait à lui? Dans le doute, presser Céleste de se prononcer n'était ni habile, ni prudent, car solliciter une solution, c'était soi-même prendre un engagement et fermer la porte aux chances encore mal définies qui venaient de se révéler.

Le résultat de la consultation que Théodose eut avec lui-même en se promenant sur le boulevard fut qu'il ne devait, dans le moment, songer qu'à gagner du temps; en conséquence, au lieu de paraître chez les Thuillier, il rentra chez lui, et de là écrivit le petit billet que voici:

« MON CHER THUILLIER,

« Tu ne trouveras pas sans doute extraordinaire que je ne me sois pas présenté chez toi aujourd'hui; outre que j'ai peur de l'arrêt qui sera rendu, je n'ai pas voulu me donner l'air d'un créancier impatient et malappris. Quelques jours de plus ou de moins sont peu de chose en pareille occurrence, et pourtant mademoiselle Colleville peut les trouver utiles à l'entière liberté de sa détermination. Je ne te verrai donc pas que tu ne m'aies écrit. J'ai retrouvé un peu de calme et ajouté quelques pages à notre manuscrit, et il faudra maintenant bien peu de temps pour que nous soyons en mesure de tout livrer à l'imprimeur.

« Bien à toi,

« Théodose DE LA PEYRADE. »

Deux heures après, vêtu d'un habit qui évidemment était une transition à la livrée qu'on ne se décidait pas encore à risquer, le domestique *mâle* dont avait parlé Minard apportait une réponse ainsi conçue :

« Viens ce soir, sans faute ; nous causerons de tout cela avec Brigitte.

« Ton bien affectueusement dévoué,

« Jérôme THUILLIER. »

— Bon ! se dit la Peyrade, la chose ne marche pas toute seule et j'aurai le loisir de me retourner.

Le soir, au moment où il se fit annoncer chez Thuillier, la comtesse de Godollo, qui, dans le moment, était avec Brigitte, s'empressa de se lever et de sortir. En se rencontrant avec l'avocat, elle lui adressa un salut cérémonieux. Rien de concluant à déduire de ce brusque départ, qui pouvait tout signifier.

Après avoir un peu parlé de la pluie et du beau temps, ainsi que font les gens réunis pour traiter d'un intérêt délicat sur lequel ils ne sont pas sûrs de s'entendre :

— Mon petit, dit Brigitte, qui avait envoyé

son frère faire un tour de boulevard en lui disant de la laisser faire, c'est bien gentil à vous de n'être pas venu comme un *happe-chair* nous mettre le pistolet sur la gorge, car nous n'étions pas tout à fait prêts pour vous répondre. Je crois bien, ajouta-t-elle en prenant sa métaphore dans son ancien métier d'escompteuse, que Céleste aura besoin d'un petit renouvellement.

— Ainsi, dit vivement la Peyrade, elle ne s'est pas décidée en faveur de M. Félix Phellion?

— Malin! reprit la vieille fille, hier au soir vous y aviez mis bon ordre, mais vous n'en êtes pas à savoir qu'elle en tient un peu de ce côté.

— A moins d'être aveugle, dit l'avocat, qui ne le verrait?

— Ce n'est pas là, du reste, un obstacle à nos projets, reprit mademoiselle Thuillier, mais ça explique que je vous demande un peu de crédit pour Céleste, et voilà pourquoi aussi j'avais désiré reporter le mariage à une époque plus éloignée. Je voulais vous donner le temps de vous insinuer dans l'esprit de la petite; mais à vous deux Thuillier vous avez dérangé tous mes plans.

— Rien, je pense, dit la Peyrade, ne s'est fait sans votre aveu, et, si durant ces quinze jours je ne vous ai parlé de rien, c'est pure discrétion; Thuillier m'avait dit que tout était convenu avec vous.

— Thuillier sait bien, au contraire, que je n'ai pas voulu me mêler de toutes vos combinaisons, et peut-être, si vous n'aviez pas été si rare dans ces derniers temps, aurais-je été la première à vous avouer que je ne les approuvais pas. Cependant, je puis dire que je n'ai rien fait pour empêcher la réussite.

— C'était trop peu, dit la Peyrade, votre concours nous était nécessaire.

— C'est possible, mais moi qui connais mieux les femmes que vous, étant de la partie, je m'étais bien douté que, dans deux amoureux à choisir, Céleste ne verrait que l'autorisation de penser tout à son aise à celui qui lui plaisait le plus, et justement je l'avais toujours laissée dans le vague relativement à Félix, sachant bien le moment où il faudrait mettre ordre à sa petite tête.

— Enfin, dit la Peyrade, elle me refuse?

— C'est bien pis que ça, elle vous accepte, disant qu'elle a donné sa parole, mais il est si aisé de voir qu'elle se regarde comme une victime, qu'à votre place je ne serais ni flatté ni rassuré d'un pareil succès.

Dans une autre disposition d'esprit, la Peyrade aurait répondu qu'il acceptait le sacrifice et que c'était son affaire à lui de gagner le cœur qui, pour le moment, ne se donnait qu'à regret ; mais un peu de délai lui convenant :

— Quel est donc votre avis? demanda-t-il à Brigitte. A quel parti m'arrêter ?

— Au parti, dit Brigitte, de finir d'abord la brochure de Thuillier, parce qu'il en perd la tête, et ensuite il faut me laisser manœuvrer vos intérêts.

— Mais sont-ils dans des mains amies? car, petite tante, je ne puis pas me le dissimuler, depuis quelque temps, vous êtes bien changée pour moi !

— Je suis changée pour vous ! et où voyez-vous ça, songe-creux que vous êtes ?

— Oh ! ce sont des nuances, dit la Peyrade; mais il est bien évident que, depuis l'introduction de cette comtesse Tornas dans votre maison !...

— Mon pauvre garçon, la Hongroise m'a

rendu des services, et je lui ai de la reconnaissance : est-ce donc une raison pour que j'en manque avec vous, qui nous en avez rendu de plus grands?

— Convenez, dit finement la Peyrade, qu'elle vous a dit beaucoup de mal de moi?

— C'est tout simple qu'elle m'en a dit : des belles dames comme ça, il faut que tout le monde les adore, et elle sait que vous n'êtes occupé que de Céleste; mais tout ce qu'elle a pu me dire, ça a coulé comme de l'eau sur de la toile cirée.

— Ainsi, petite tante, demanda la Peyrade, je puis continuer de compter sur vous?

— Oui, si vous n'êtes pas tourmentant et que vous me laissiez faire.

— Voyons! qu'est-ce que vous ferez? dit la Peyrade d'un air de bonhomie.

— Je ferai que, d'abord, je signifierai à Félix de ne plus mettre les pieds à la maison.

— Est-ce possible? dit l'avocat, ou du moins est-ce convenable?

— Très-possible, et je le lui ferai dire par Phellion lui-même. Comme c'est un homme à cheval sur les principes, il sera le premier à reconnaître que, son fils ne voulant pas faire ce qu'il faut pour obtenir la main de Céleste, il doit nous priver de sa présence.

— Et après? dit la Peyrade.

— Après je signifierai à Céleste qu'on lui a laissé la liberté de choisir un mari ou l'autre, et que, puisqu'elle ne veut pas de Félix, il faut qu'elle s'arrange de vous, qui êtes un garçon pieux, comme elle les aime. Soyez tranquille, je vous ferai joliment valoir de votre générosité à ne pas profiter de l'engagement qu'elle avait pris; mais tout ça demandera du temps; et s'il faut attendre huit jours seulement la fin de la brochure, Thuillier, d'ici-là, est capable que nous soyons obligés de le mettre à Charenton.

— Dans deux jours, la brochure peut paraître; mais c'est bien sûr, petite tante, nous jouons franc jeu? Les montagnes, comme on dit, ne se rencontrent pas, mais les hommes peuvent se rencontrer; et, certainement, quand viendra le moment de l'élection, je suis en mesure de rendre à Thuillier de bons et de mauvais services. L'autre jour, figurez-vous, j'ai eu une peur affreuse. J'avais sur moi une lettre où il me parlait de sa brochure comme étant écrite par moi. J'ai craint un moment d'avoir perdu cette lettre au Luxembourg. C'est ça qui eût été un joli cancan dans le quartier !

— Est-ce qu'on fait des malices avec des finauds comme vous? dit la vieille fille, ayant bien compris ce qu'il y avait de comminatoire dans cette dernière phrase, arrivée sans transition dans la conversation. Mais, au fait, ajouta-t-elle, avez-vous quelque chose à nous reprocher? N'est-ce pas vous plutôt qui êtes en reste de vos promesses? Cette croix qui devait arriver dans huit jours, cette brochure qui devait être parue depuis longtemps?

— La brochure, la croix, tout ira l'un portant l'autre, répondit la Peyrade en se levant : dites à Thuillier de venir me voir demain au soir, je pense que nous pourrons corriger la dernière feuille. Mais surtout ne prêtez pas trop l'oreille aux méchancetés de madame Godollo : j'ai une idée que, pour se faire tout à fait maîtresse dans la maison, elle veut éloigner tous vos amis et en même temps qu'elle a jeté son dévolu sur Thuillier.

— Au fait, dit la vieille fille, qu'en partant l'infernal avocat venait de toucher à l'endroit toujours sensible de son autorité, il faut que je fasse attention à ce que vous me dites là :

elle est un peu coquette, la petite mère!

A sa phrase adroitement jetée, La Peyrade eut un autre bénéfice : par la réponse de Brigitte, il vit que la comtesse ne lui avait pas parlé de la visite qu'il lui avait faite dans la journée. Cette réticence pouvait avoir un grand sens.

Quatre jours plus tard, l'imprimeur, le brocheur, le satineur, ayant fait leur office, Thuillier, dans la soirée, put se donner l'inexprimable bonheur de commencer par les boulevards une tournée qu'il poursuivit dans les passages et jusqu'au Palais-Royal. A tous les étalages de libraires, il jetait un coup d'œil quand il apercevait, brillant sur une affiche jaune, le fameux titre :

DE L'IMPOT ET DE L'AMORTISSEMENT,
PAR J. THUILLIER,
Membre du conseil général de la Seine.

Parvenu à se persuader que, par les soins donnés à la correction des épreuves, il s'était approprié le mérite de l'œuvre, son cœur paternel, comme celui de maître Corbeau, ne se sentait pas de joie. Il faut ajouter qu'il avait dans une bien mince estime les éditeurs qui n'annonçaient pas la vente de cette *nouveauté* destinée, dans sa pensée, à devenir un événement européen. Sans se bien rendre compte de la manière dont il pourrait avoir justice de leur indifférence, toujours est-il qu'il prenait note de ces maisons rebelles, leur voulant autant de mal que s'il en eût reçu un affront.

Le lendemain, sa journée se passa délicieusement à faire un certain nombre de lettres d'envoi et à mettre sous bande une cinquantaine d'exemplaires auxquels il lui semblait, qu'inscrite de sa main, la phrase sacramentelle *de la part de l'auteur* communiquait un prix inestimable.

Mais le troisième jour de la mise en vente apporta à son bonheur un peu de déchet. Il avait pris pour éditeur un jeune homme qui, faisant la librairie en casse-cou, s'était établi depuis peu dans le passage des Panoramas, où il payait un loyer ruineux. Neveu de Barbet, le libraire que Brigitte avait pour locataire dans la maison de la rue Saint-Dominique-d'Enfer, et auquel elle escomptait ses billets, ce Barbet *junior* était un garçon qui ne doutait de rien, et quand il fut présenté à Thuillier par son oncle, il s'était engagé, pourvu qu'on ne lésinât pas sur les annonces, à rendre nécessaire, au bout d'une semaine, une seconde édition.

Or, Thuillier avait dépensé près de quinze cents francs en publicité payée; des exemplaires avaient été envoyés à profusion aux journaux, et, après trois jours passés, la vente s'élevait à SEPT exemplaires, et encore dans ce nombre, trois avaient été pris à crédit.

On pourrait croire qu'en faisant connaître à Thuillier consterné ce résultat si mesquin le jeune éditeur avait perdu quelque chose de son assurance.

— Je suis enchanté de ce qui arrive, dit au contraire ce Guzman de la librairie. Si nous avions vendu une centaine d'exemplaires, cela m'inquiéterait pour les quinze cents que nous avons tirés; j'appellerais cela faire long feu, au lieu que cette vente tout à fait insignifiante me prouve que l'édition sera raflée d'un coup.

— Mais quand? demanda Thuillier, auquel ce point de vue parut un peu paradoxal.

— Parbleu! répondit Barbet, quand nous aurons des articles dans tous les journaux. Les annonces sont seulement utiles à éveiller l'attention du public, elles le mettent en arrêt :

Voilà, se dit-il, une publication qui doit avoir de l'intérêt. *De l'impôt et de l'amortissement*, un joli titre! mais plus le titre est piquant, plus on se défie; on y a été pris si souvent! Alors on attend les articles, au lieu que, pour un livre destiné à une vente médiocre, il y a toujours une centaine d'acheteurs tout faits, mais après eux, serviteur! nous ne plaçons plus rien.

— Comme ça, dit Thuillier, vous ne voyez pas la vente désespérée?

— Je la vois, au contraire, sous le meilleur aspect. Lorsque *les Débats*, *le Constitutionnel*, *le Siècle* et *la Presse* seulement, auront parlé, surtout si vous étiez *éreinté* par *les Débats* qui sont ministériels, il ne faudra pas quatre jours pour que tout soit enlevé.

— Vous en parlez bien à votre aise, répondit Thuillier, mais comment aborder tous ces coryphées de la presse?

— Ah! je m'en charge, dit Barbet, je suis au mieux avec tous les rédacteurs en chef; ils disent que j'ai le diable au corps et que je leur rappelle Ladvocat dans son bon temps.

— Alors, mon cher, vous auriez déjà dû les voir.

— Ah! permettez, papa Thuillier, il y a une manière d'aborder les journalistes, et, comme vous vous êtes déjà récrié sur le chiffre de quinze cents francs que vous ont coûté les annonces, je n'ai pas osé vous parler de m'ouvrir un autre crédit extraordinaire.

— Mais pourquoi ce crédit? demanda Thuillier avec inquiétude.

— Quand vous avez été nommé membre du conseil général de la Seine, demanda le libraire, où s'est complotée votre élection?

— Parbleu! chez moi, répondit Thuillier.

— Chez vous sans doute, mais dans un dîner suivi d'un bal, lequel bal lui-même a été couronné par un souper. Eh bien, mon cher maître, il n'y a pas deux moyens de prendre les affaires; Boileau l'a dit :

Tout se fait en dînant dans le temps où nous sommes,
Et c'est par les dîners *que l'on* gouverne les hommes!

— Ainsi, vous seriez d'avis que je donne un dîner de journalistes?

— Oui, mais pas chez vous, parce que les journalistes, voyez-vous, quand il y a des femmes, ça les embête : il faut se tenir! et puis ce n'est pas un dîner, c'est un déjeuner qui convient. Le soir, ces messieurs ont des premières représentations, le journal qu'il faut aller faire, sans compter leurs petites allures, au lieu que, le matin, on n'a rien à penser; moi, c'est toujours des déjeuners que j'ai donnés.

— Mais ça coûte cher, ces repas-là! Messieurs les journalistes, c'est gourmand!

— Pouh! vingt francs par tête, sans le vin. Mettez que vous ayez une dizaine de convives, avec une centaine d'écus, vous ferez très-convenablement les choses. C'est même au point de vue de l'économie que le déjeuner est préférable; un dîner, vous ne vous en tireriez pas à moins d'un billet de cinq cents.

— Comme vous y allez, jeune homme! dit Thuillier.

— Ah! dame! tout le monde sait que la députation coûte cher, et c'est votre candidature que vous préparez là.

— Mais comment s'y prendre pour avoir ces messieurs; est-ce qu'il faut que j'aille les inviter moi-même?

— Du tout, vous avez envoyé votre brochure, vous leur donnez rendez-vous chez

Philippe ou chez Véfour; ils comprendront à merveille.

— Dix convives, dit alors Thuillier, commençant à entrer dans l'idée, il n'y a pas, il me semble, autant de journaux importants.

— C'est vrai, repartit l'éditeur, mais il faut aussi avoir les roquets, parce que c'est ceux-là qui aboient le plus fort. Ce déjeuner aura du retentissement; ils trouveraient que vous avez l'air de faire un triage, et autant d'exclus, autant d'ennemis.

— Ainsi, selon vous, il suffirait d'adresser des invitations?

— Oui, je ferai une liste, vous écrirez les lettres et vous me les enverrez, je me chargerai de les faire porter et j'en remettrai plusieurs en mains propres.

— Si j'étais sûr, dit Thuillier avec indécision, que cette dépense fasse l'effet que nous désirons!

— Si je suis sûr est joli, dit Barbet avec importance; mais, mon cher maître, c'est de l'argent placé sur hypothèque : avec ça je vous garantis la vente des quinze cents exemplaires. Eh bien, à quarante sous, en comptant les remises, ça fait trois mille francs. Vous voyez que vos frais ordinaires et extraordinaires sont couverts et au delà.

— Enfin, dit Thuillier en s'en allant, j'en causerai avec la Peyrade.

— Comme vous voudrez, cher maître, mais décidez-vous bientôt, parce qu'il n'y a rien qui moisisse comme un livre : écrire chaud, servir chaud, enlever chaud, voilà les trois temps de l'exercice pour l'auteur, l'éditeur et le public ; et hors de là on ne fait que de la *camelotte*, et autant ne pas s'en mêler.

Quand la Peyrade fut consulté, il ne trouva pas, à part lui, le remède très-héroïque, mais, foncièrement, il nourrissait contre Thuillier le sentiment de l'animosité la plus âcre, en sorte qu'il fut ravi de laisser lever, sur sa niaiserie capable et sur son inexpérience importante, le nouvel impôt dont on lui parlait.

Quant à Thuillier, la rage de se poser en publiciste et de retentir le possédait à ce point que, tout en gémissant de la nouvelle saignée faite à sa bourse, il était déjà décidé au sacrifice avant même d'avoir pris l'avis de l'avocat. L'approbation très-mesurée et très-conditionnelle de la Peyrade fut donc et au delà suffisante pour emporter sa détermination, et, le soir même, il retournait chez Barbet *junior* et lui demandait la fameuse liste des invitations.

Barbet dressa lestement son petit catalogue, et, au lieu de dix convives qu'il avait annoncés, il arriva au chiffre de quinze, sans compter lui-même et la Peyrade que Thuillier désira avoir pour second dans cette rencontre où il sentait bien qu'il serait un peu emprunté.

Quand Thuillier eut jeté les yeux sur la liste qui venait de lui être remise :

— Ah çà ! mon cher, dit-il à l'éditeur, vous me mettez là des noms de journaux dont personne n'a jamais entendu parler. Qu'est-ce que c'est que *le Moralisateur, la Lanterne de Diogène, le Pélican* et *l'Écho de la Bièvre?*

— Vous tombez bien, répondit Barbet, à faire fi de *l'Écho de la Bièvre*, un journal qui s'imprime dans le douzième arrondissement où vous comptez vous porter et qui a pour patrons tous les gros tanneurs du quartier Mouffetard.

— Passe pour celui-là, répondit Thuillier, mais le *Pélican?*

— *Le Pélican?* journal qui se trouve dans le salon d'attente de tous les dentistes, les premiers *pouffistes* du monde ; combien croyez-vous, en moyenne, que par jour il s'arrache de dents à Paris?

— Ah! laissez donc! dit Thuillier, qui d'autorité effaça plusieurs noms de manière à réduire à quatorze le nombre des invités.

— Et s'il manque quelqu'un, dit Barbet, nous serons treize.

— Allons donc! dit Thuillier l'esprit fort, est-ce que je donne dans cette superstition!

Et la liste close et arrêtée à quatorze, séance tenante, sur le coin du bureau de l'éditeur, il écrivit les invitations à deux jours de date, vu l'urgence, et Barbet lui ayant affirmé que personne ne se formaliserait de la brièveté du délai.

La réunion fut indiquée chez Véfour, le restaurant par excellence pour les bourgeois et les provinciaux. Barbet arriva même avant Thuillier, porteur d'un nœud de cravate qui à lui seul suffisait pour faire événement dans ce monde moqueur au milieu duquel il allait se produire.

De son autorité, l'éditeur fit changer plusieurs articles du menu, et notamment, au lieu de vin de Champagne bourgeoisement reporté au dessert, il ordonna que sur la table, dès le commencement du repas, on plaçât deux bouteilles frappées de glace avec quelques livres de crevettes auxquelles l'amphitryon n'avait pas pensé.

Thuillier, qui du bout des dents approuva tous ces amendements, fut suivi de la Peyrade; ensuite il y eut une grande lacune dans la succession des convives : le déjeuner était indiqué pour onze heures, et à onze heures trois quarts, personne n'avait encore paru.

Barbet, qui ne se démontait jamais, eut le consolant aperçu qu'il en était des invitations chez le restaurateur comme des enterrements où tout le monde sait que onze heures veut dire midi.

En effet, un peu avant cette heure parurent deux messieurs à barbe de bouc, exhalant une forte odeur d'estaminet. Thuillier les remercia avec effusion de *l'honneur* qu'ils voulaient bien lui faire; ensuite, nouvelle attente dont nous n'avons pas besoin de dire les tortures.

A une heure, le contingent réuni était de cinq convives, Barbet et la Peyrade non compris. Il est inutile de dire qu'aucun journaliste un peu posé et se respectant n'avait répondu à cette invitation saugrenue. Il fallut bien se mettre à table; quelques phrases polies que Thuillier avait recueillies sur l'*immense* intérêt de sa publication ne suffisaient pas pour lui masquer l'amertume de sa déconvenue, et, sans la gaieté de l'éditeur ayant pris en mains les rênes que Thuillier laissait flotter, sombre comme Hippolyte sur le chemin de Mycènes, rien n'eût été comparable à la froideur morne et glaciale de cette réunion.

Les huîtres enlevées, les vins de Champagne et de Châblis dont on les avait arrosées commençaient pourtant à faire monter le thermomètre, quand, se précipitant dans le salon où l'on banquetait, un jeune homme en casquette vint porter à Thuillier le coup le plus terrible et le plus inattendu.

— Patron, dit le survenant à Barbet (c'était l'un des commis de la librairie), nous sommes cuits; la police a fait chez vous une descente; il y a un commissaire et deux agents qui viennent saisir la brochure de monsieur, et voilà le papier qu'ils m'ont remis pour vous.

— Voyez donc ça, monsieur l'avocat, dit Barbet à la Peyrade en lui passant le papier timbré; à ce coup, son assurance habituelle lui faisait un peu défaut.

— Une assignation à bref délai pour comparaître en cour d'assises, dit la Peyrade après avoir lu quelques lignes du grimoire de l'huissier.

Devenu d'une pâleur mortelle :

— Vous n'avez donc pas rempli toutes les formalités ? demanda Thuillier à l'éditeur d'une voix étranglée.

— Oh ! ce n'est pas une affaire de forme, répondit la Peyrade, c'est bien une saisie pour délit qualifié de presse, excitation à la haine et au mépris du gouvernement. Tu dois avoir chez toi, mon pauvre Thuiller, un compliment tout pareil.

— Mais alors c'est une trahison ! s'écria Thuillier perdant tout à fait la tête.

— Dame ! mon cher, tu sais bien ce que tu as mis dans ta brochure, moi je n'y ai pas vu de quoi fouetter un chat.

— C'est un malentendu, dit Barbet en reprenant courage, ça s'expliquera, et, en résultat, nous allons avoir la plus belle réclame, n'est-il pas vrai, messieurs?

— Garçon ! une plume et de l'encre ! s'écria l'un des journalistes ainsi interpellés.

— Eh ! tu as bien le temps de faire tantôt ton

article, lui dit un de ses confrères : qu'a de commun la bombe avec ce filet sauté?

Ce qui était une parodie du mot célèbre de Charles XII, roi de Suède, interrompu par un projectile pendant une dictée qu'il faisait à l'un de ses secrétaires.

— Messieurs, dit Thuillier en se levant, vous m'excuserez; si, comme le croit M. Barbet, il y a une erreur dans tout ceci, il faut qu'elle soit aussitôt expliquée : je vais donc, avec votre permission, me rendre aussitôt au parquet. La Peyrade, ajouta-t-il d'un ton significatif, tu ne me refuseras pas, je pense, de m'accompagner, et vous, mon cher éditeur, vous ne feriez pas mal de venir avec nous.

— Ma foi, non ! dit Barbet *junior*, quand je déjeune, je déjeune; si le parquet a fait une bêtise, tant pis pour lui !

— Mais si la poursuite est sérieuse ! s'écria Thuillier dans le dernier des émois.

— Eh bien, je dirai, ce qui est vrai, que je n'ai pas lu un mot de votre brochure. Il y a seulement quelque chose d'ennuyeux : ces sacrés *jurys* n'aiment pas les barbes; il faudra que je coupe la mienne, si je dois comparaître devant eux.

— Eh! cher amphitryon, asseyez-vous donc, dit le rédacteur en chef de *l'Écho de la Bièvre*, nous vous soutiendrons : j'ai déjà un article qui fera une émeute parmi les marchands de mottes; c'est une puissance que cette honorable corporation.

— Non! messieurs, dit Thuillier, non! un homme comme moi ne reste pas une demi-heure sous l'inculpation qui est venue me frapper. Continuez sans nous; j'espère bientôt vous retrouver. Viens-tu, la Peyrade?

— Il est charmant! dit Barbet en voyant partir Thuillier et son conseil; quitter un déjeuner après les huîtres pour aller causer avec une figure de substitut! Allons, messieurs, serrons les rangs! ajouta-t-il avec entrain.

— Tiens! dit l'un des journalistes affamés qui avait jeté un coup d'œil dans le jardin du Palais-Royal sur lequel donnait le salon du restaurant, voilà Barbanchu qui passe! si je lui disait de monter?

— Eh! certainement! dit Barbet *junior*, parodiant une annonce que tout le monde a pû lire au coin des rues : *Un père de famille demande un remplaçant.*

— Barbanchu ! Barbanchu ! cria alors le soi-disant homme de la presse.

Barbanchu, son chapeau pointu sur la tête, fut assez longtemps à reconnaître le *nuage* du haut duquel une voix lui parlait.

— Par ici ! lui cria la voix, qui lui parut céleste quand il se vit hêlé par un homme tenant un verre de vin de Champagne à la main.

Puis, comme il paraissait hésiter :

— Monte donc, mon cher, monte donc, lui cria-t-on en chœur ; *il y a gras !*

FIN DU TROISIÈME VOLUME.